陈平原 主编

书系

儒教的圣域

黄进兴 ◎ 著

复旦大学出版社

出版说明

本丛书原为陈平原先生应香港三联之约编就,并于2008年起在香港陆续出版繁体字版,反响颇佳。因为发行等方面的限制,丛书少为内地读者所见,实在是一个不小的缺憾。蒙香港三联授权,我社于2010年起陆续推出简体字版,但愿对内地读书界是一种补偿。

陈平原先生曾为本丛书香港三联版撰有总序,略述丛书的编选宗旨和出版的因缘际会,无不精妙绝伦,读者诸君于丛书总序中可以品味。关于该丛书的编选,作为主编的陈平原先生认为,"与其兴师动众,组一个庞大的编委会,经由一番认真的提名与票选,得到一张左右支绌的'英雄谱',还不如老老实实承认,这既非学术史,也不是排行榜,只是一个兴趣广泛的读书人,以他的眼光、趣味与人脉,勾勒出来的'当代中国人文学'的某一侧影。若天遂人愿,旧雨新知不断加盟,衣食父母继续捧场,丛书能延续较长一段时间,我相信,这一'图景'会日渐完善"。

于今,陈先生的宏愿,经由我们的"加盟"和内地读者的捧场,可以说已部分得以实现;无论如何,为中国学术的繁荣做点传薪的工作,也是复旦出版人的志趣所在。

复旦大学出版社

总 序

老北大有门课程,专教"学术文"。在设计者心目中,同属文章,可以是天马行空的"文艺文",也可以是步步为营的"学术文",各有其规矩,也各有其韵味。所有的"满腹经纶",一旦落在纸上,就可能或已经是"另一种文章"了。记得章学诚说过:"夫史所载者,事也;事必藉文而传,故良史莫不工文。"我略加发挥:不仅"良史",所有治人文学的,大概都应该工于文。

我想象中的人文学,必须是学问中有"人"——喜怒哀乐,感慨情怀,以及特定时刻的个人心境等,都制约着我们对课题的选择以及研究的推进;另外,学问中还要有"文"——起码要努力跨越世人所理解的"学问"与"文章"之间的巨大鸿沟。胡适曾提及清人崔述读书从韩柳文入手,最后成为一代学者;而历史学家钱穆,早年也花了很大功夫学习韩愈文章。有此"童子功"的学者,对历史资料的解读会别有会心,更不要说对自己文章的刻意经营了。当然,学问千差万别,文章更是无一定之规,今人著述,尽可别立新宗,不见得非追韩摹柳不可。

钱穆曾提醒学生余英时:"鄙意论学文字极宜着意修饰。"我相信,此乃老一辈学者的共同追求。不仅思虑"说什么",还在斟酌"怎么说",故其著书立说,"学问"之外,还有"文章"。当然,这里所说的"文章",并非满纸"落霞秋水",而是追求布局合理,笔墨简洁,论证严密;行有余力,方才不动声色地来点"高难度操作表演"。

与当今中国学界之极力推崇"专著"不同,我欣赏精彩的单篇论文,就连自家买书,也都更看好篇幅不大的专题文集,而不是叠床架屋的高头讲章。前年撰一《怀念"小书"》的短文,提及"现在的学术书,之所以越写越厚,有的是专业论述的需要,但很大一部分是因为缺乏必要的剪裁,以众多陈陈相因的史料或套语来充数"。外行人以为,书写得那么厚,必定是下了很大功夫。其实,有时并非功夫深,而是不够自信,不敢单刀赴会,什么都来一点,以示全面;如此不分青红皂白,眉毛胡子一把抓,才把书弄得那么臃肿。只是风气已然形成,身为专家学者,没有四五十万字,似乎不好意思出手了。

类似的抱怨,我在好多场合及文章中提及,也招来一些掌声或讥讽。那天港岛聚会,跟香港三联书店总编辑陈翠玲偶然谈起,没想到她当场拍板,要求我"坐而言,起而行",替他们主编一套"小而可贵"的丛书。为何对方反应如此神速?原来香港三联书店向有出版大师、名家"小作"的传统,他们现正想为书店创立六十周年再筹划一套此类丛书,而我竟自己撞到枪口上来了。

记得周作人的《中国新文学的源流》1932年出版,也就五万字左右,钱锺书对周书有所批评,但还是承认:"这是一本小而可贵的书,正如一切的好书一样,它不仅给读者以有系统的事实,而且能引起读者许多反想。"称周书"有系统",实在有点勉强;但要说引起"许多反想",那倒是真的——时至今日,此书还在被人阅读、批评、引证。像这样"小而可贵""能引起读者许多反想"的书,现在越来越少。既然如此,何不尝试一下?

早年醉心散文,后以民间文学研究著称的钟敬文,晚年有一妙语:"我从十二三岁起就乱写文章,今年快百岁了,写了一辈子,到现在你问我有几篇可以算作论文,我看也就是有三五篇,可能就三篇吧。"如此自嘲,是在提醒那些在"量化指标"驱赶下拼命赶工的现代学者,悠着点,慢工方能出细活。我则从另一个角度解读:或许,对于一个成熟的学者来说,三五篇代表性论文,确能体现其学术上的志趣与风貌;而对于读者来说,经由十万字左右的文章,进入某一专业课题,看高手如何"翻云覆雨",也是一种乐趣。

与其兴师动众,组一个庞大的编委会,经由一番认真的提名与票选,得到一张左支右绌的"英雄谱",还不如老老实实承认,这既非学术史,也不是排行榜,只是一个兴趣广泛的读书人,以他的眼光、趣味与人脉,勾勒出来的"当代中国人文学"的某一侧影。若天遂人愿,旧雨新知不断加盟,衣食父母继续捧场,丛书能延续较长一段时间,我相信,这一"图景"会日渐完善的。

最后,有三点技术性的说明:第一,作者不限东西南北,只求以汉语写作;第二,学科不论古今中外,目前仅限于人文学;第三,不敢有年龄歧视,但以中年为主——考虑到中国大陆的历史原因,选择改革开放后进入大学或研究院者。这三点,也是为了配合出版机构的宏愿。

陈平原
2008年5月2日
于香港中文大学客舍

目录

自序 / 1

象征的扩张
　　——孔庙祀典与帝国礼制 / 1
学术与信仰
　　——论孔庙从祀制与儒家道统意识 / 41
《野叟曝言》与孔庙文化 / 123
清末民初儒教的"去宗教化" / 137
研究儒教的反思 / 171

作者简介 / 191
著述年表 / 192

自序

20世纪著名的神学和宗教史家埃利奥特（Mircea Eliade，1907—1986），于探讨"宗教"的本质，曾特别关注神圣的空间、时间、神话等构成因素，而受到学界的注目。[1] 显然，孔庙便是儒教的圣域，但我研究孔庙纯出偶然，与埃利奥特的学说并无关联。

初始，与友人懵懵懂懂参访台北孔庙，无意间却打开了圣殿之旅。好奇心的驱使，让我的孔庙探索，变成心灵的朝拜之旅（pilgrimage）。孔庙在历史上曾遍布东亚世界，中国之外，尚包括朝鲜、日本，甚至南抵越南为止。虽说各地的孔庙另有它独特的性格，但此一跨域的共通文化现象的确值得注意；它不仅是一个耀眼的宗教圣域，还具有浓厚的政治与文化意涵。

孔庙作为儒教的圣域，乃毋庸置疑；只要略加一窥史料的记载，便了然于心。试举一例，以概其余：明弘治二年（1489年）所撰的《重建清真寺记》即明确地传达了此一讯息。它言道：

愚惟三教，各有殿宇，尊崇其主。在儒则有"大成殿"，尊崇孔子。在释则有"圣容殿"，尊崇尼牟（照原

---

[1] Mircea Eliade, *The Sacred and the Profane: The Nature of Religion*, trans. by Willard R. Trask, New York: Harcourt Brace Jovanovich, 1959.

碑)。在道则有"玉皇殿",尊崇三清。在清真,则有"一赐乐业殿",尊崇皇天。[1]

"大成殿"位居孔庙的主殿,其得与释、道、犹太教诸殿宇相提并论,可见作为儒教的圣域,孔庙的宗教象征样样俱全,毫不逊色。是故,聚焦孔庙以彰显儒教的宗教性格,便成为我的研究重点。

拙作首选的论文,系新近刊行的《象征的扩张——孔庙祀典与帝国礼制》。该文从宏观的角度,比较完整地勾勒出孔庙祀典与帝国礼制的整合过程,盼能涵盖较丰富的文化面相。之前,个人对孔庙的研究着重其缘起,尤其是儒生和人君的互动。本文则将焦点放在制度层面,特别聚焦孔庙制度在历史上变易的动态过程。诚然,孔庙祭典在不同时代、不同地域各有出入,但整体而言,则与帝国礼制的运作趋于一致。若说孔庙祭典是项"象征",那必然相当于英文语词里大写的"Symbol"或复数的"symbols",其缘由则是孔庙祭祀在中国绵延长达两千多年,不止堆积并且衍生了许多附加的意义和功能。尤其在帝国中晚期,上至朝廷、下迄地方行政的运作,皆可见证孔庙祭典的扩张与提升。作为国家宗教的圣域,孔庙亦充分地显现出官方垄断与排他的特性。

---

[1] 转引自陈垣:《开封一赐乐业教考》,收入吴泽主编:《陈垣史学论著选》,上海:上海人民出版社,1981年,第67—68页。另见徐珂编撰:《清稗类钞》,台北:台湾商务印书馆,1966年,第十五册宗教类(稗三七),"青回回教",页四○。唯需注意的是:《重建清真寺记》所言及的"清真"并非后世所习称的伊斯兰教(Islam),而是指犹太教。参见陈垣:《开封一赐乐业教考》,第77页:"一赐乐业,或翻以色列,犹太民族也。"至于儒家或儒教是否为宗教的问题,拙作已有详细讨论,请参阅《作为宗教的儒教:一个比较宗教的初步探讨》,初载《亚洲研究》(香港)1997年第23期,第184—223页;后收入拙著:《圣贤与圣徒:历史与宗教论文集》,北京:北京大学出版社,2005年,第117—143页。另收入游子安编:《中国宗教信仰》中国文化中心讲座系列》,香港:香港城市大学,2006年;以及陈明编:《儒教新论》,贵州:贵州人民出版社,2010年,第43—63页。日译本《宗教としての儒教:比較宗教による初步の検討》,收入奥崎裕司、石汉椿编:《宗教としての儒教》,东京:汲古书院,2011年,第74—110页。

次之,《学术与信仰——论孔庙从祀制与儒家道统意识》一文,则是由孔庙"从祀制"的运作来侦测儒家"道统意识"的具形化。牵涉其中的,当然是儒家主流思潮的呈现,但政治、社会力量的介入,亦不可忽视。

第三篇《〈野叟曝言〉与孔庙文化》,则是剖析儒家道统思想如何影响了该书作者的学术观点及创作的取舍。换言之,孔庙的知识可以充作文学创作的资源。

第四篇《清末民初儒教的"去宗教化"》,旨在阐述儒教原是中华帝制时期的国家宗教,然而在清末民初却一步步崩解为"非宗教"的过程。此一历程适可佐证儒家或儒教是否为宗教,基本上乃是历史的问题,而非哲学的析论。

末篇《研究儒教的反思》,则是检讨个人近年来研究孔庙文化的基本观点和进路,可与第四篇合观并读。

总之,近年来孔庙研究的热度,不敢说"蔚为风潮",但绝对称得上是"方兴未艾"。国际上已刊行的论文与专著,不在少数。虽然个人研究孔庙起步稍早,但今日无论在深度与广度都已见到他人清新可喜的成果,不由得萌生"道不孤,必有邻"的喜悦。简言之,过去二十年,个人仅专注于中国境内整体孔庙的探讨,而对各地孔庙细致的认识显然有所不足,尤其不曾着墨跨地域、跨文化的比较研究,这些都尚待他人继续努力,以增添一份对传统文化"同情的了解"。

最后,我想以这本选集纪念甫辞世的芝加哥大学余国藩教授(Anthony C. Yu,1938—2015),借以表达我对他的怀念,并感谢他对我研究孔庙一路走来的鼓励和支持。我与余教授在台北虽然只有一面之缘,但相谈甚欢,日后竟成忘年之交,常通过电邮笔谈。近年,他尤其不厌其烦、再三催促我动手撰写一本英文专著,综合之前探讨孔庙的心得，俾与西方宗教史家直接对话。余教授认为我聚焦宗教"神圣空间"的手法别有特色，容与西方比较宗教学界互相参照。但个人因另有其他研究课题刻在进行，分身乏术，一时只有辜负他的好意。唯一稍可补偿的是，个人有关孔庙的研究不久将有两大册日译本刊行，聊可回报他的厚望。至于撰述英文专著一事，则犹待来日的努力了，盼时时以此鞭策自己。是为序。

2015 年 10 月
于台北南港

儒教的圣域

象征的扩张

——孔庙祀典与帝国礼制

拙文写作过程中,曾受到刘增贵教授、石守谦教授和朱溢博士的赐教,谨此致谢。初刊于《历史语言研究所集刊》第 86 本第 3 分,2015 年 9 月,第 471--511 页。

> 孔子之道，垂宪万世。有国家者，所当崇奉。——元成宗[1]
>
> 孔子之道，垂范古今。朕愿学之志，时切于怀。——清圣祖[2]

上述两段引言，特意取自异族之君；无论系个人的倾慕之辞，或着眼治理的方便，均可彰显孔子之教与治国密不可分。职是，亘古以来，孔庙祭典即镶嵌在中华帝国的礼制之中，并且变成帝国运作的要件，自可理解。拙文则旨在探讨孔庙祭典如何变成帝国礼制的元素及其所扮演的角色。

孔子庙，简称孔庙，顾名思义，为祭祀儒学宗师孔子所设。原先只是家庙或祠堂的性质，但在后世则蜕化成官庙而具有强烈的公共性格。唯有在后一阶段，孔庙祭典方与帝国礼制产生关联。

一、从家庙到官庙

为了方便与后世官庙化的孔庙比对，让我们先行简略

---

[1] 佚名撰，王颋点校：《庙学典礼》卷四，杭州：浙江古籍出版社，1986年，页八十五。
[2] 清圣祖：《御制重修阙里孔子庙碑》，收入骆承烈汇编：《石头上的儒家文献——曲阜碑文录》下册，济南：齐鲁书社，2001年，页七九五。编者误系该碑为康熙二十二年（癸亥）二月，实误。碑中已提到康熙三十年（辛未）、三十一年（壬申）修缮之事，断不可能为二十二年。复查，康熙三十二年（癸酉）十月丙子日之圣祖实录，载有庙碑全文，故此碑当立于康熙三十二年（1693年）；参见马齐、张廷玉等奉敕修：《大清圣祖仁（康熙）皇帝实录》卷一百六十，台北：新文丰出版公司，1978年，页一七下—一九下。拙文《权力与信仰：孔庙祭祀制度的形成》前将此碑误系为清世宗，于此一并订正，拙著：《优入圣域：权力、信仰与正当性》，北京：中华书局，2010年，第143页及该页注3。

考察孔庙原初家庙的状况。根据《左传》所述,鲁哀公十六年(公元前479年),夏四月己丑,孔子卒,哀公为之诔,以"尼父"称之,却遭到子贡"生不能用,死又诔之"的"非礼"之议。[1] 至于孔子立庙,《左传》记述简要,对孔子身后并无着墨。但千载之后,孔家后裔在南宋所编的《东家杂记》,或于金代所撰的《孔氏祖庭广记》却径言"鲁哀公十七年,立庙于旧宅,守陵庙百户",衡诸史实,该说颇值存疑。[2]

图一　孔子墓(笔者摄)

1　洪亮吉:《春秋左传诂》卷二十,北京:中华书局,1987年,页八八二——八八三。
2　孔传:《东家杂记》(《景印文渊阁四库全书》第四四六册,台北:台湾商务印书馆,1983年),卷上,页六下。此说颇为流行,值得检讨。例如:南宋魏了翁(1178—1237年)在《泸州重修学记》即接受此一说法;另外金代孔元措(1048—1125年)在《孔氏祖庭广记》亦沿袭上述之说。参见魏了翁:《鹤山集》(《景印文渊阁四库全书》第一一七二——一一七三册),卷四十五,页八下;又孔元措:《孔氏祖庭广记》(《丛书集成初编》第三三一六册,上海:商务印书馆据琳琅秘室丛书本排印,1936年),卷三,页二一,"鲁哀公十七年"条。详论则请参见拙文:《权力与信仰:孔庙祭祀制度的形成》,《优入圣域:权力、信仰与正当性》,第143—146页。

孔子殁世为弟子所葬，盖孔子生鲤（伯鱼），年五十（哀公十二年），先孔子而逝，其孙孔伋（子思）尚属年幼。[1] 职是之故，清初孔继汾（1721—1786年）虽为孔子六十九代孙，远较晚出，却能独排众议，其记述反为信实。他说：

> 先圣之没也，弟子葬于鲁城北泗上。既葬，后世子孙即所居之堂为庙，世世祀之。然茔不过百亩，封不过三版，祠宇不过三间。[2]

因此，孔子为弟子所葬，而庙堂则为后世子孙所立，以祭祀孔子，不无道理。距离孔子逝世三百余年的司马迁（公元前145—公元前89年？）曾经历鲁，亲眼目睹仲尼庙堂车服礼器，他对孔子身后事有番记载。他写道：

> 孔子葬鲁城北泗上。……弟子及鲁人往从冢而家者百有余室，因命曰"孔里"。鲁世世相传以岁时奉祠孔子冢，而诸儒亦讲礼乡饮大射于孔子冢。孔子冢大一顷。故所居堂弟子内，后世因庙藏孔子衣冠琴车书，至于汉二百余年不绝。[3]

据此，可以获悉瞻仰孔子之处有二：一为"孔子冢"，一为"孔子故宅"；但"冢"不可复制移植，真正影响后世乃是立于孔子故宅的"庙"。值得注意的是，该时所谓的"庙"应是"家庙"，或后世所称"祠堂"之属，与今之"孔庙"性质迥异。

---

1 司马迁：《史记》卷四十七，北京：中华书局，1982年，页一九四六。胡仔：《孔子编年》（《景印文渊阁四库全书》第四四六册），卷三，页一九下。
2 孔继汾：《阙里文献考》（收入《儒藏·史部》第二册《孔孟史志》二，成都：四川大学出版社据清乾隆二十七年刻本影印，2005年），卷十一，页一上（四七四上）。
3 司马迁：《史记》卷四十七，页一九四五。

图二　曲阜孔庙大成殿

孔庙主体建筑,是祭祀孔子的殿堂。现殿系清雍正二年（1724年）重建。（图片来自孔德平主编：《曲阜古迹通览》,北京：文物出版社,2010年,第21页。）

司马迁另有番陈述,涉及孔子祭礼,必得一提。他记述道："（汉）高皇帝过鲁,以太牢祠焉。诸侯卿相至,常先谒然后从政。"[1]析言之,迄秦汉之际,孔门声势定然不容忽视,否则素以贱儒见称的高祖[2],必不致于过鲁,以"太牢"重祀孔子。于此之前,生当战国末季的韩非就说："世之显学,儒、墨也。儒之所至,孔丘也。"[3]《吕氏春秋》亦记载："（孔、墨）皆死久矣。从属弥众,弟子弥丰,充满天下。"又云："王公大人从而显之,有爱子弟者

---

[1] 司马迁：《史记》卷四十七,页一九四五—一九四六。
[2] 《史记》中即记载："沛公（刘邦）不好儒,诸客冠儒冠来者,沛公辄解其冠,溲溺其中。与人言,常大骂。未可以儒生说也。"司马迁：《史记》卷九十七,页二六九二。
[3] 韩非撰,陈奇猷校注：《韩非子集释》卷十九,台北：河洛图书出版社,1974年,页一〇八〇。

随而学焉,无时乏绝。"[1] 毋怪秦始皇坑杀诸生时,长子扶苏以"诸生皆诵法孔子,今上皆重法绳之,臣恐天下不安"谏之。[2] 可见孔子后学不可胜数,高祖初定天下,必不致看轻此股力量。至于他过鲁之后,"诸侯卿相至,常先谒然后从政",则只能说是上行下效之情,毋足为奇。但之后却形成施政之初,地方祭孔的先行惯例。

驯至汉代,由于获得朝廷的支持,孔庙祭典进行一连串的改造,由家庙蜕化为官庙。首先,孔子奉祀后裔取得官方袭封的地位。在秦之前,鲁人岁时奉祀孔子,其主鬯之人、圭田之制弗可得考。迄汉高祖过鲁,封孔子九代孙——孔腾为"奉嗣君",立下孔家奉祀后裔领有官方身份的先例。元帝时,复有封户;平帝时,又有国邑。自是孔子后裔世世封爵,尊贵与日俱增。[3]

要之,孔子之所以获得汉代人君的祭祀,除了先前所述孔门在战国末期已形成颇大的声势,汉代的儒生尤推波助澜,将孔子化身为有汉一代的预言者与守护之神。西汉今文大儒董仲舒(公元前179—公元前104年),力持"独尊儒术,罢黜百家",以"有德无位"的"素王"尊称孔子[4];这是先秦以降前所未有的称誉。董氏说:

> (孔子)西狩获麟,受命之符是也。然后托乎《春

---

[1] 吕不韦撰,陈奇猷校注:《吕氏春秋校释》卷二,台北:华正书局,1985年,页九六。
[2] 司马迁:《史记》卷六,页二五八。
[3] 孔传:《东家杂记》卷上,页三三下。孔贞丛:《阙里志》卷二,历史语言研究所藏明万历年间刊本;首有明弘治十八年李东阳序,明万历三十七年黄克缵序,孔贞丛撰新志纪因,页一九上:九代孙孔腾,"汉高帝过鲁,封为奉嗣君,以奉孔子祀后。⋯⋯按,封孔子后裔奉祀始此";页一九下,十三代孙孔霸,元帝"赐爵关内侯,食邑八百户,号襃成君";页一九下—二〇上,十六代孙孔均,"平帝元始元年改封襃成侯,食邑二千户。⋯⋯按,自汉高以来,虽以圣裔宠异之,犹未袭封也。至十三代孔霸封关内侯,传十四代福、十五代房俱嗣侯,虽袭封矣,犹称关内侯,是为尊帝师而封也。至平帝始改封,均为襃成侯,则专为奉祀圣而封矣。自是封爵,世世不绝云"。
[4] 班固:《汉书》卷五十六,台北:鼎文书局,1987年,页二五〇八—二五二二。

秋》正不正之间，而明改制之义。一统乎天子，而加忧于天下之忧也，务除天下所患，而欲以上通五帝、下极三王，以通百王之道。[1]

既然是"通百王之道"，就非为一家一姓所设。这种普遍意涵，为其门生司马迁所承继，司马氏于《太史公自序》说道：

仲尼悼礼废乐崩，追修经术，以达王道，匡乱世反之于正，见其文辞，为天下制仪法，垂《六艺》之统纪于后世。[2]

但上述对孔子之道普遍的阐释与推衍，却为后起的谶纬所现实化、在地化，孔子遂变成专为汉廷制法张目了。[3]东汉王充（公元27—97年？）的立论，即是一个绝佳的证言。他道：

夫五经亦汉家之所立，儒生善政大义皆出其中。董仲舒表《春秋》之义，稽合于律，无乖异者。然则《春秋》，汉之经；孔子制作，垂遗于汉。[4]

三幢立于东汉末年的孔庙碑文，在在透露了此些讯息。立于东汉桓帝永兴元年（153年）的《孔庙置守庙百石孔龢碑》，为今存最古有关孔庙的碑文，它即称颂：

---

1 董仲舒：《春秋繁露》卷六《符瑞第十六》，台北：世界书局，1975年，页一二六—一二七。
2 司马迁：《史记》卷一百三十，页三三一〇。
3 请参见拙文《权力与信仰：孔庙祭祀制度的形成》，《优入圣域：权力、信仰与正当性》，第157—165页。
4 王充撰，刘盼遂集解：《论衡集解》卷十二，台北：世界书局，1990年，页二四九。

孔子大圣，则象乾坤，为汉制作。[1]

稍后所立的《鲁相韩勅造孔庙礼器碑》（建于桓帝永寿二年，156年）另言道：

孔子近圣，为汉定道。自天王以下，至于初学，莫不冀思，叹仰师镜。[2]

孔子距汉数百年之遥，竟得未卜先知，为汉预定制法，未免神乎其神。又，该碑碑阴及两边碑侧所登录的捐资名单，从山东至河南、浙江地区，其地理分布之广，恰又反映各地官僚及士大夫对阙里孔庙预置礼器的支持热况[3]，足证孔子于其时备受拥戴。

立碑更迟的《鲁相史晨祠孔庙奏铭》（灵帝建宁二年，169年）[4]，除开重复上述之主题，谓"孔子乾坤所挺，西狩获麟，为汉制作"[5]；该碑且透露了一则孔子之祭的转折：原来，在此之前，京城的"辟雍礼"并未行祀"先圣师"；而孔庙的侍祠者仅孔子子孙，四时来祠，事已即去。故，前鲁相乙瑛特请置守庙"百石卒史"，因而在永兴元年（153年）立下《孔庙置守庙百石孔龢碑》，又名《汉鲁相乙瑛请置孔庙百石卒史碑》《孔庙置守庙百石卒史碑》《孔庙置百石孔龢碑》《孔庙百石卒史碑》《乙瑛碑》等。乙瑛所况完全符合历史实情，东汉明帝于永平二年（59

---

[1] 洪适：《隶释》卷一，北京：中华书局影印洪氏晦木斋刻本，1985年，页一五上—一五下。
[2] 同上书，页一八上。
[3] 韩勅：《鲁相韩勅造孔庙礼器碑》，收入《石头上的儒家文献——曲阜碑文录》上册，页一九—二六。
[4] 按，立于东汉灵帝建宁二年的《鲁相史晨祠孔庙奏铭》，又名《鲁相史晨祀孔子奏疏》《鲁相史晨祀孔子庙碑》《史晨孔子庙碑》，此块碑石的阴、阳两面均有刻字，《奏铭》位于碑石的阳面。
[5] 洪适：《隶释》卷一《鲁相史晨祠孔庙奏铭》，页二五下。

年),虽令祀圣师周公、孔子,然仅行于郡、县、道的地方学校,"牲以犬",祭祀等级尚低,并不及辟雍。[1]

之后十数年,孔子的后裔虽世享褒成之封,但仍是四时来祭、毕即归国。而京师的辟雍,却缘"尊先师重教化"之故,已开始择日祀孔子以太牢,长吏备爵,诚为孔子祭典的一大跃进。然而,孔子本国旧居,复礼之日却仍"阙而不祀"。鲁相史晨兹是奏请"依社稷,出王家谷,春秋行礼,以共烟祀,余〔胙〕赐先生、执事"[2]。依社稷之礼,意谓祭孔名目有可比附,盖系提升之举。另外,值得点出的是,史晨无意间觉察至该时辟雍祀孔礼重、阙里祀孔礼轻的窘境,令朝廷祭祀孔子的政治目的,呼之欲出。

此外,与《鲁相史晨祠孔庙奏铭》同块碑石的阴面,则刻有《史晨飨孔庙后碑》(灵帝建宁二年,169年)[3],保存了鲁相史晨所举行的春飨礼,从中可以获悉该时祀孔的盛况:史晨以建宁元年(168年)四月十一日到官,乃以令日,拜谒孔子。复因春飨,依社稷品制,述修辟雍礼,与会者包括各级地方官吏与孔家代表;其中守庙百石孔赞显为永兴元年议立典守孔庙之职,秩禄虽仅止"百石",但参与盛典者涵盖地方长官、国县员冗,吏无大小,并畔官文学先生、执事诸弟子,合九百七十人,雅歌吹笙,奉爵称寿,相乐终日。而作为地方长官的鲁相"乃以令日,拜谒孔子",无非遵循汉高祖所立的先例,显见孔

---

[1] 范晔:《后汉书》卷十四,台北:鼎文书局,1983年,页三一〇八。又,孔继汾(1721—1786年)的《阙里文献考》据此条,谓东汉明帝永平二年冬十月,令郡县道行乡饮酒礼于学校,皆祀周公、孔子,牲以犬,"此国学郡县祀孔子之始"云云,盖不确,既不符该时东汉碑文,亦为杜佑《通典》所不取。唐代的许敬宗更直言:"秦、汉释奠,无文可检。"秦蕙田的《五礼通考》亦表示仅及地方学校。参较孔继汾《阙里文献考》卷十四,页四八下。杜佑撰,王文锦等点校:《通典》卷五十三,北京:中华书局,1988年,页一四七二;刘昫等:《旧唐书》卷二十四,台北:鼎文书局,1979年,页九一七,贞观二十一年许敬宗等上奏条;秦蕙田撰,卢文弨、姚鼐等校:《五礼通考》卷一百一十七,桃园:圣环图书公司据味经窝藏板初刻试印本影印,1994年,页九上。
[2] 洪适:《隶释》卷一《鲁相史晨祠孔庙奏铭》,页二五下—二六上。
[3] 按,《史晨飨孔庙后碑》,又名《鲁相史晨飨孔庙碑》《鲁相史晨祀孔庙碑》。

庙已彻底地官庙化了。[1]

二、释奠礼的确立

虽说如此，至东汉末年，孔子之祭仍无法列入国家常祀祭典的范畴。《礼记》虽规范：凡始立学，必先释奠于先圣、先师，及行事，必以币[2]；惟史书载："汉世虽立学，斯礼无闻。"[3] 析言之，后世国家常祀祭典所明定的"大祀""中祀"及"小祀"的等级礼制[4]，原是本诸先秦礼书《周礼》所谓："立大祀，用玉、帛、牲牷；立次祀，用牲、币；立小祀，用牲。"东汉的经师郑众（？—公元83年），即注云："大祀，天地。次祀，日月星辰。小祀，司命以下。"东汉末年的经解大儒郑玄（127—200年）复指称："大祀又有宗庙，次祀又有社稷、五祀、五岳，小祀又有司中、风师、雨师、山川、百物。"[5] 要知"二郑"均举祭祀对象以代解，无疑反映了汉代官方祭祀的情况，但毋论"大祀""次祀""小祀"的名目等级，孔子之祭仍无缘列入。[6]

惟见东汉光武帝幸鲁，使大司空祀孔子。[7] 尤具意义的是，其继承者明帝曾幸孔子宅（阙里孔庙），祀仲尼及七十二弟子，亲御讲堂，命皇太子、诸王说经。[8] 其子章帝东巡狩，过鲁，亦幸阙里，以太牢祀孔子及七十二弟

---

1 洪适：《隶释》卷一《史晨飨孔庙后碑》，页二七下—二八上。
2 孙希旦撰，沈啸寰、王星贤点校：《礼记集解》卷二十，北京：中华书局，1989年，页五六〇。
3 房玄龄等：《晋书》卷十九，台北：鼎文书局，1987年，页五九九。
4 萧嵩等奉敕撰：《大唐开元礼》（《景印文渊阁四库全书》第六四六册），卷一，页一上："凡国有大祀、中祀、小祀。"
5 出自《周礼》的《春官宗伯第三·肆师》。孙诒让撰，王文锦、陈玉霞点校：《周礼正义》卷三十七，北京：中华书局，1987年，页一四六五。
6 虽说"大祀""次祀""小祀"的名目等级，在隋代礼制方告确立。参见高明士：《隋代的制礼作乐——隋代立国政策研究之二》，收入黄约瑟、刘健明编：《隋唐史论集》，香港：香港大学亚洲研究中心，1993年，第19120页。
7 范晔：《后汉书》卷一上，页四〇。
8 范晔：《后汉书》卷二，页一一八。明帝于永平十五年（72年）三月临幸阙里孔庙。

子，作六代之乐，大会孔氏男子，命儒者讲《论语》。[1] 此渐次形成成规，或开后世人君讲经毕、祀孔子的先例。下迄魏晋南北朝则频频出现舍远求近的情况，于宫廷讲经毕，皇帝或其代表（皇太子、太常）行"释奠礼"。举其例，《三国志》载有：

> （魏齐王正始）二年（二四一年）春二月，帝初通《论语》，使太常以太牢祭孔子于辟雍，以颜渊配。……（正始五年，二四四年）五月癸巳，讲《尚书经》通，使太常以太牢祀孔子于辟雍，以颜渊配。……（正始七年，二四六年）冬十二月，讲《礼记》通，使太常以太牢祀孔子于辟雍，以颜渊配。[2]

但《三国志》此段引言，转至唐人所修的《晋书》，则明白将行祀辟雍与"释奠礼"联结在一起。《晋书》如此说道：

> 魏齐王正始二年（二四一年）二月，帝讲《论语》通；五年五月，讲《尚书》通；七年（二四六年）十二月，讲《礼记》通，并使太常释奠，以太牢祠孔子于辟雍，以颜回配。[3]

又说：

---

1 范晔：《后汉书》卷七十九上，页二五六二。章帝于元和二年（85年）春临幸阙里孔庙。其后，安帝于延光三年（124年）亦曾祀孔子及七十二弟子于阙里，规模且有扩大的趋势，"自鲁相、令、丞、尉，及孔氏亲属、妇女、诸生悉会，赐褒成侯以下帛各有差"。见同书，卷五，页二三八。
2 陈寿：《三国志》卷四，台北：鼎文书局，1983年，页一一九—一二一。
3 房玄龄等：《晋书》卷十九，页五九九。

（西晋）武帝泰始七年（二七一年），皇太子讲《孝经》通；咸宁三年（二七七年），讲《诗》通；太康三年（二八二年），讲《礼记》通。惠帝元康三年（二九三年），皇太子讲《论语》通。（东晋）元帝太兴二年（三一九年），皇太子讲《论语》通，太子并亲释奠，以太牢祠孔子，以颜回配。成帝咸康元年（三三五年），帝讲《诗》通。穆帝升平元年（三五七年）三月，帝讲《孝经》通。孝武宁康三年（三七五年）七月，帝讲《孝经》通。并释奠如故事。[1]

"释奠如故事"不啻意谓祭孔已为成规。但上述的释奠礼均举行于京城的辟雍或太学，而非遥处阙里专祀孔子的"庙"。

然而，此段时期，祭孔有三件要事，值得大笔特书：其一，孔庙与学校密切的结合；其二，访求圣裔；其三，孔庙的外地化。

首先，探讨孔庙衍生的教育功能。黄初二年（２２１年），魏文帝履位之初，"访求"孔氏后裔，得孔氏二十一代孙孔羡，拜议郎。魏文帝除了诏封孔羡为"宗圣侯"，复令鲁郡修起旧庙，置"百石吏卒"以资守卫，于其外又广为室屋以居学者；形成庙、学相倚的格局，这已初具后世"庙学制"的雏形。[2] 继而，北齐文宣帝天保元年

---

[1] 房玄龄等：《晋书》卷十九，页五九九。更多的事例则见杜佑：《通典》卷五十三，页一四七二——一四七四。另，余嘉锡曾以"晋辟雍碑"指证泰始年间非关释奠礼。请参较余嘉锡：《晋辟雍碑考证》，收入氏著：《余嘉锡论学杂著》，北京：中华书局，2007年，页一三三一——一七三。唯据东汉灵帝建宁二年《鲁相史晨祠孔庙奏铭》，行辟雍礼时，已"祠孔子以太牢"，见洪适：《隶释》卷一，页二六上。况且《三国志·魏书》载有齐王芳屡缘讲经通，使太常祀孔子于辟雍，见注三七。故旧人有言"汉旧立孔子庙，襃成侯岁时奉祠，辟雍行礼，必祭先师"之辞，见陈寿：《三国志》卷二十四，页六八一。想该时行辟雍礼与释奠礼，应可融通。

[2] 陈寿：《三国志》卷二，页七八。《三国志》记"置百户吏卒"，据《魏修孔子庙碑》改正为"置百石吏卒"，见洪适：《隶释》卷十九，页一二下。洪适据碑文谓"黄初元年"，非"黄初二年"，不确。参较施蛰存：《水经注碑录》卷六，天津：天津古籍出版社，1987年，页二六〇——二六一。又，朱彝尊（1629—1709年）精于金石考证，则作"百石卒史"。见氏：《曝书亭集》卷四十七，台北：世界书局，1964年，页五六四。

（550年），下诏"郡学于坊内立孔颜庙"[1]；唐贞观四年（630年），太宗进而下诏州、县学皆立孔庙[2]，使得"庙学制"由阙里孔庙"依庙立学"的先例，跃入地方普遍"依学立庙"的荣景。从此，孔庙与学校（不论中央或地方）环环相扣。

另外，必须一提的，在汉平帝王莽秉政时，祭孔大有进展。朝廷封孔子后裔孔均为"褒成侯"，专奉其祀；复追谥孔子为"褒成宣尼公"，甫开后世崇封孔子的先例。[3]及王莽败亡，孔裔失国。建武十三年（37年），光武帝复封孔子后裔"褒成侯"，世世相传，直迄献帝初，缘汉代政权溃亡，遂国绝失传。[4]

然而，刘氏王朝在历史上固然一去不返，孔氏圣裔却必须彷佛千年火凤凰，得应时重现。承战乱之余，三国甫一统，魏文帝及后代人君所以必得汲汲于"访求圣裔"，其着眼点无非为了祭孔的正当性。因为，原先的孔庙系家庙的性质，由孔子后裔主祭乃理所当然之事。尔后，虽渐次蜕化为官方的公庙，但犹不脱血缘性格，因此阙里祖庙固需仰仗孔子圣裔主祭，日后人主于京师互相竞立孔庙，尤需孔子圣裔助祭。是故，维持万世一系的孔子嫡裔，实有其必要。[5]

其次，先是永嘉之乱，曲阜所属的豫州阖境没入胡人石勒手中。[6]阙里孔庙一时化为烟尘。太元十一年（386

---

[1] 潘相纂修：《曲阜县志》卷二十一，台北：台湾学生书局据清乾隆三十九年刊本影印，1968年，页一一下。
[2] 欧阳修、宋祁：《新唐书》卷十五，台北：鼎文书局，1980年，页三七三。
[3] 班固：《汉书》卷十二，页三五一。
[4] 范晔：《后汉书》卷七十九上，页二五六三。另载"建武十四年"光武帝复封孔子后裔为褒成侯，见同书，卷一上，页六二。
[5] 参见拙文：《权力与信仰：孔庙祭祀制度的形成》，《优入圣域：权力、信仰与正当性》，第165—168页。
[6] 房玄龄等：《晋书》卷十四，页四四二。其时，曲阜属鲁县，为豫州辖下。

年），东晋孝武帝诏封孔靖之为"奉圣亭侯"，奉宣尼祀[1]，并于南方京畿首立宣尼庙，专供祀孔之所[2]，自此开启南北王朝于都城竞立孔庙的风气。[3] 譬如，南齐武帝于永明七年（489年），兴学，立孔庙于京畿（建康）；同年（太和十三年，489年），北魏孝文帝亦于京师（平城）立孔庙。此可能为对应之举，却不意打破孔庙不出阙里的陈规，并且促成孔庙向外拓殖的契机。

但祭孔的礼仪，立成亟待解决的问题。譬如，孝武帝时，即为了祭孔的礼制举行过论辩，当时的礼学名臣"陆纳、车胤谓宣尼庙宜依亭侯之爵；范宁欲依周公之庙，用王者仪；范宣谓当其为师则不臣之，释奠日，备帝王礼乐"等。[4] 惟从时人研议宣尼庙宜"依亭侯之爵"或"依古周公之庙，备王者仪"莫衷一是的情状度之，其时孔庙祀典仍混沌未明，尚待定位。[5]

时过境迁，逢南齐武帝永明三年（485年）正月因诏下立学，复面临如何释奠先圣先师的情境。当时的尚书令王俭（452—489年）回溯晋朝时的议礼，便以为"车（胤）、陆（纳）（论礼）失于过轻，二范（范宁、范宣）伤于太重"，又说："中朝以来，释菜礼废，今之所行，释奠而已。金石俎豆，皆无明文。方之七庙则轻，比之五礼则重。"[6] 这种摸索过程直至南齐永明三年（485年）秋，因朝廷论定"皇朝屈尊弘教，待以师资，引同上公，即事惟允"，依此，孔庙释奠礼"设轩县之乐，六佾之舞，牲

---

1 房玄龄等：《晋书》卷九，页二三五。
2 许嵩：《建康实录》卷九，北京：中华书局，1986年，页二八三。《晋书》不载立宣尼庙。
3 萧子显：《南齐书》卷三，台北：鼎文书局，1980年，页五六；魏收：《魏书》卷七下，台北：鼎文书局，1980年，页一六五。
4 萧子显：《南齐书》卷九，页一四四。
5 同上书，页一四三—一四四。
6 同上书，页一四四。

牢器用，悉依上公"，方暂告段落。[1]

但孔庙祭典犹俟有唐一朝，方克底定规模。初起，孔子之祭尚需与周公之祭缠斗不休，致迭有胜负；而后，复需与后起的太公之祀相互较劲。

原先《礼记》云："凡始立学者，必先释奠于先圣、先师。"东汉的经师郑玄谓："先圣，周公若孔子。"[2] 不意此却埋下后世释奠礼竞逐祀主的伏笔。唐初，释奠礼起伏不定，领飨正位的对象屡有更动，导致周公、孔子互有更替，恰是反映此一错综情结。

武德二年（619年），高祖令国子学立周公、孔子庙各一所，四时致祭。[3] 细绎诏书所持祭祀周公的理据如下：

> 爰始姬旦，匡翊周邦，创设礼经，尤明典宪。启生人之耳目，穷法度之本源，化起《二南》，业隆八百，丰功茂德，冠于终古。[4]

高祖为开国君主，其祭周公似取后者创业之功，并溯治道之源。惟周公与孔子时称"二圣"，并无轩轾之意。[5] 武德七年（624年），高祖幸国子学，亲临释奠，以周公为先圣，孔子配。复引道士、沙门有学业者，与博士杂相驳难，久之乃罢。[6] 可见儒学于唐初仍未稳居朝廷的主导意识，孔子一时屈居下风。

贞观二年（628年），太宗反其道罢祀周公，升孔子

---

1 萧子显：《南齐书》卷九，页一四四。南齐武帝永明三年（485年），"其冬，皇太子讲《孝经》，亲临释奠，车驾幸听"。
2 孙希旦：《礼记集解》卷二十，页五六〇。唐时人解为"若周公、孔子也"，见王溥：《唐会要》卷三十五，北京：中华书局据上海商务印书馆1935年国学基本丛书本影印，1955年，页六三六。
3 潘相：《曲阜县志》卷四，页七上。
4 刘昫等：《旧唐书》卷一百八十九上，页四九四〇。
5 同上。
6 同上书，卷二十四，页九一六。

为先圣，以颜回配。[1] 盖取左仆射房玄龄（579—648年）、博士朱子奢（？—641年）之建言。他们二者道出：

> 武德中，诏释奠于太学，以周公为先圣，孔子配飨。臣以周公、尼父俱称圣人，庠序置奠，本缘夫子。故晋、宋、梁、陈，及隋大业故事，皆以孔子为先圣，颜回为先师，历代所行，古人通允。[2]

此中的要点是：（一）释奠于学，本为孔子之故；（二）大业之前，皆孔子为先圣，颜回为先师。按诸史实，房、朱二氏所言不差。周公历史上固称"上圣""至圣"，实政治意涵居多[3]，故魏晋以降，释奠于学，皆以孔子为尊。故太宗诏从之，遂有以上之更动。贞观四年（630年），太宗进而下诏州、县学皆作孔子庙。[4] 这是官方由上至下推行孔庙祭祀最彻底的举动。

然而，高宗永徽中（650—655年），又徒生波折，周公扳回一城，复为"先圣"，孔子则降为"先师"[5]。孔庙祭祀，礼有等差，"配飨"犹停正殿，"从祀"则退居两庑。汉魏以来，"圣"则非周（公）即孔（子），"师"则偏善一经；高下之分，昭然若判。依此，"永徽令"意在贬抑孔子，至为显然。后代的经师动辄将此一变动，归罪汉代的

---

[1] 欧阳修、宋祁：《新唐书》卷十五，页三七三。
[2] 王溥：《唐会要》卷三十五，页六三五—六三六。
[3] 周公称"圣"，意指居摄事迹居多。例如班固：《汉书》卷七十七，页三二六二称周公为"上圣"。范晔：《后汉书》卷四十上，页一三三〇—一三三一称"先圣"；卷二十九，页一〇一二称"至圣"。房玄龄等：《晋书》卷四十七，页一三二五称"圣人"；卷九十九，页二五八六称"大圣"。沈约：《宋书》卷六十八，台北：鼎文书局，1980年，页一七九六称"上圣"。
[4] 欧阳修、宋祁：《新唐书》卷十五，页三七三："武德二年，始诏国子学立周公、孔子庙；……贞观二年，左仆射房玄龄、博士朱子奢建言：'周公、尼父俱圣人，然释奠于学，以夫子故。大业以前，皆孔丘为先圣，颜回为先师。'乃罢周公，升孔子为先圣，以颜回配。四年，诏州、县学皆作孔子庙。"
[5] 欧阳修、宋祁：《新唐书》卷十五，页三七三。

古文学家刘歆（公元前50？—公元23年）。例如：清代的今文家廖平（1852—1932年）说："（刘歆）牵引周公以敌孔子，古文家说以经皆出周公是也。后人习闻其说，遂以周公、孔子同祀学宫，一为先圣，一为先师，此其误也。"[1]皮锡瑞（1850—1908年）亦云："太史公谓：'言六艺者折中于孔子，可谓至圣。'……后汉以降，始有异议，不尽以经为孔子作。《易》则以为文王作《卦辞》，周公作《爻辞》；《春秋》则以《凡例》为出周公；《周礼》《仪礼》皆以为周公手定。……唐时，乃尊周公为先圣，降孔子为先师。配飨、从祀与汉韩勅、史晨诸碑所言大异。"[2]

所幸，显庆二年（657年），太尉长孙无忌（594—659年）、礼部尚书许敬宗（592—672年）等挺而进言，指出永徽与贞观之制有所违异。[3]

长孙无忌、许敬宗所力争的，即是"改令（永徽）从诏（贞观）"。他们以"进"孔子，"出"周公的策略，达成厘清文庙祭统的性质。他们辩称："成王幼年，周公践极，制礼作乐，功比帝王，所以禹、汤、文、武、成王、周公为六君子。"[4]是故，论其鸿业，周公合同王者祀。长孙氏对周公绩业的陈述，清楚地反映了儒者对"治""道"之分殊。

盖汉明帝时，虽有周公、孔子并为"圣师"之祀；三国以下、唐之前，则文庙祀统独不见"先圣"周公踪影。[5]

---

[1] 廖平：《古学考》，台北：台湾开明书店，1969年，第30页。
[2] 皮锡瑞：《经学通论》，《续修四库全书》第一八〇册，上海：上海古籍出版社据清光绪三十三年思贤书局刻本影印，1995年，"自序"，页一上一一下。
[3] 《旧唐书》《通典》以礼部尚书许敬宗领名，《新唐书》《唐会要》则以太尉长孙无忌领名。参见刘昫等：《旧唐书》卷二十四，页九一八；杜佑：《通典》卷五十三，页一四八一；欧阳修、宋祁：《新唐书》卷十五，页三七四；王溥：《唐会要》卷三十五，页六三六。
[4] 王溥：《唐会要》卷三十五，页六三六。
[5] 魏晋南北朝中的北周太祖素以"黜魏、晋之制度，复姬旦之茂典"为标榜，其后代子孙亦以提升孔庙为己任，遑论他人。参见令狐德棻等：《周书》卷七，页一二三；卷四十五，页八〇六。

显庆二年（657年），长孙氏的建言终获得人君的首肯。于是孔子复升"先圣"，周公乃依别礼，归王者之统，配飨武王。[1] 治统、道统泾渭分明，周公不纳入道统祭祀，成为共识。至此，孔子稳居文庙飨主之首的地位，明列国家祀典之中，未曾动摇。

魏晋南北朝之际，朝廷时有措意释奠礼，但执行上间断间续。直迄北齐，则"新立学，必释奠礼先圣先师；每岁春秋二仲，常行其礼"[2]；郡学则于坊内立孔、颜庙。此制为隋朝所承继，惟增为四时行祀。[3] 孔庙间亦溢出释奠仪的名目，例如：北齐时，国家每逢水旱疠疫有事，必祈祷者有九处，孔、颜庙亦在其中。[4] 但在后代则罕有是举，或是祭祀功能分化所致。无论如何，祭孔迄隋代仍未进入"三祀"的常秩范围。[5] 直俟唐初，孔子之祭方有改观，堂堂纳入国家"三祀"的等级制度。[6]

唐玄宗时，官修的《唐六典》明列国家祀典有四：一曰祀天神，二曰祭地祇，三曰享人鬼，四曰释奠于先圣、先师。[7] 末项的"释奠"礼，细分则包括孔宣父与齐太公之祀。此在《唐六典》《大唐开元礼》的礼仪阶序上皆并

---

1 王溥：《唐会要》卷三十五，页六三七："今请改令从诏，于义为允。其周公仍依别礼配享武王。从之。"
2 魏征等：《隋书》卷九，台北：鼎文书局，1980年，页一八〇—一八一。
3 同上书，卷九，页一八一—一八二。
4 同上书，卷七，页一二七："后齐……祈祷者有九焉：一曰雩，二曰南郊，三曰尧庙，四曰孔、颜庙，五曰社稷，六曰五岳，七曰四渎，八曰滏口，九曰豹祠。水旱疠疫，皆有事焉。"又参阅雷闻：《郊庙之外：隋唐国家祭祀与宗教》，北京：生活·读书·新知三联书店，2009年，第68—74页。
5 参较魏征等：《隋书》卷六，页一一七。
6 参阅金子修一：《唐代の大祀·中祀·小祀について》，《高知大学学术研究报告》第25卷，人文科学1976年第2号，第13—19页；朱溢：《唐至北宋时期的大祀、中祀和小祀》，《清华学报》（新竹）新39卷，2009年第2期，第287—324页；高明士对金子氏论文之若干内容，有不同的意见，参阅高明士：《中国传统政治与教育》，台北：文津出版社，2003年，第248—251页。
7 李林甫等：《唐六典》卷四，北京：中华书局，1992年，页一二〇。王泾的《大唐郊祀录》撰于孔宣父、齐太公追谥为"王"之后，因此其称呼略有微异。王氏曰："凡祭祀之礼，天神曰祀，地祇曰祭，人鬼曰享，文宣王、武成王曰释奠。"见王泾：《大唐郊祀录》（《百部丛书集成·指海丛书第七函》，台北：艺文印书馆据清道光钱熙祚校刊、子培让培杰续刊本影印，1966年），卷一，页二上—二下。

列"中祀",州县释奠则列"小祀";形式上虽无差异,实质上颇有先后、轻重之别。[1]

考诸史籍,古并无恒祭太公之文,贞观中,始于磻溪置祠。[2] 玄宗开元十九年(731年),令两京与天下诸州各置"太公尚父庙",以汉留侯张良配飨。[3] 从此释奠礼兼及齐太公。初时,象征武人之神的"太公庙",以仿效代表文庙的孔庙为主。例如:开元二十七年(739年),孔子追谥为"文宣王";肃宗上元元年(760年),随追赠太公望为"武成王",飨祭之典,一同"文宣王"[4]。"太公庙"又仿照孔庙从祀制,以张良为"亚圣",复选历代良将为"十哲"。一时文、武两庙亦步亦趋,无分轩轾。

然唐初以下,士人文化兴起,包括科举制度的落实,终使得孔子庙凌驾太公庙。[5] 其间太公庙虽偶因兵革之兴,受到重视,但难挽大势所趋。[6] 其实,肃宗时代此一差别已见端倪:肃宗一度因岁旱罢中、小祀,太公庙遂不祭,而文宣之祭,至仲秋犹祀之于太学。[7] 其轻重之分,判然有别。在祭祀范围,诚如韩愈(768—824年)所云,"自天子至郡邑守长通得祀而遍天下者,唯社稷与孔子为然"[8],反之,"太公庙"非天下通祀,主祭者至高仅为上将军;然而祭孔者可上抵天子至尊,其祭祀范围域内无远弗届,绝非太公祭祀可比。唐德宗贞元四年(788年)兵

---

[1] 李林甫等:《唐六典》卷四,页一二〇。其曰:"凡祭祀之名有四……其差有三:若昊天上帝、五方帝、皇地祇、神州、宗庙为大祀,日、月、星、辰、社稷、先代帝王、岳、镇、海、渎、帝社、先蚕、孔宣父、齐太公、诸太子庙为中祀,司中、司命、风师、雨师、众星、山林、川泽、五龙祠等及州县社稷、释奠为小祀。"另见萧嵩等:《大唐开元礼》卷一,页一上—一下。
[2] 王泾:《大唐郊祀录》卷十,页一四上。
[3] 刘昫等:《旧唐书》卷八,页一九六—一九七。
[4] 杜佑:《通典》卷五十三,页一四八四。
[5] 可略参较金诤:《科举制度与中国文化》,上海:上海人民出版社,1990年。
[6] 欧阳修、宋祁:《新唐书》卷十五,页三八〇。
[7] 同上书,页三七六—三七七。
[8] 韩愈撰,马其昶校注:《韩昌黎文集校注》卷七,台北:华正书局,1975年,页二八三。

部侍郎李纾以"武成王庙"（即前"太公庙"）崇敬过礼，上疏朝廷祈求改正，其中有段奏辞最能代表士人意识。李氏言道：

> 文宣垂训，百代宗师，五常三纲，非其训不明，有国有家，非其制不立，故孟轲称，有生人以来，一人而已。由是正素王之法，加先圣之名，乐用宫悬，献差太尉，尊师崇道，雅合正经。且太公述作，止于《六韬》，勋业形于一代，岂可拟其盛德，均其殊礼哉！[1]

当时朝臣泰半附和李氏之见，激进者甚而主张去"武成"追封及王位。时因兵兴，仅依李纾之请。[2] 但李氏之议事实上预示了"武成王庙"难以挽回的命运；洪武二十年（1387年）明太祖终究以吕尚人臣"称王不当"，废"武成王庙"祭祀。[3] 至此，"释奠"礼复回归为一。

三、人君与孔庙祭典

总之，有唐一代底定了祀孔的格局，无论配飨、从祀均臻完备，在国家祭典里备位"中祀"，复为统治集团所独厚，得通祀天下。此后，祭孔均在此一轨道运作无碍，且有步步高升的态势。在南宋一度曾晋升"大祀"（1140年）[4]、西夏且尊孔子为"文宣帝"（1146年）[5]。由于世

---

[1] 杜佑：《通典》卷五十三，页一四八四。
[2] 此一论争各方文字，收入王泾：《大唐郊祀录》卷十，页一七上—二三下。
[3] 董伦、李景隆、姚广孝等修纂：《明太祖实录》（收入由黄彰健校勘的《明实录》，台北：历史语言研究所，1966年），卷一百八十三，页三上。详细讨论见拙文：《武庙的崛起与衰微（七迄十四世纪）：一个政治文化的考察，收入《圣贤与圣徒：历史与宗教论文集》，台北：允晨文化公司，2001年，第181—227页。
[4] 脱脱等：《宋史》卷二十九，台北：鼎文书局，1978年，页五四六。南宋高宗绍兴十年（1140年），以释奠文宣王为大祀。宁宗庆元元年（1195年），又降为中祀。另见孔继汾：《阙里文献考》卷十四，页四九上。
[5] 唯止行于西夏。西夏仁宗人庆三年（1146年，南宋高宗绍兴十六年），尊孔子为文宣帝。脱脱等：《宋史》卷四百八十六，页一四○二四—一四○二五。

代迫近，或有朝代竞逐之势。此前，北宋神宗熙宁七年（1074年），判国子监常秩等请追尊孔子以帝号，下两制礼官详定，以为非是而止。[1] 徽宗崇宁三年（1104年），诏辟雍文宣王殿以"大成"为名，并增文宣王冕十有二旒[2]，此为宣圣用天子冕旒之始。[3] 大致而言，迄元代为止，孔庙间逢战乱，容有停祀或破坏，祭祀礼仪却是日增月益，尊崇有加。即使在异族王朝亦少有例外，譬如大定十四年（1174年），金世宗加宣圣像冠十二旒、服十二章。[4] 元武宗即位（1307年），加封"至圣文宣王"为"大成至圣文宣王"。

可是，孔庙祭典也非全然一帆风顺，每逢烽火连天，孔庙即遭大厄。首先是庙学制的变化。宋承五代兵燹之乱，唐以来"庙、学相倚"的格局，学校遭到极大的破坏，但"庙"由于释奠之礼，着以令，故常得保存。如欧阳修（1007—1072年）所云：

> 隋唐之际，天下州县皆立学，置学官生员。而释奠之礼遂以着令，其后州县学废，而释奠之礼，吏以其着令，故得不废。学废矣，无所从祭，则皆庙而祭之。[5]

是故，王安石（1021—1086年）在其《繁昌县学记》遂也有以下的观察：

---

1 脱脱等：《宋史》卷一〇五，页二五四八。
2 同上书，页二五四九—二五五〇。唯宋末孔传所记孔子始服王者之冕为大观元年（1107年），见孔传：《东家杂记》卷上，页二八下。又，金朝孔元措的《孔氏祖庭广记》则作崇宁四年（1105年），且误记始服王者之"服"。盖孔子之服仅九章，盖"公服"，非"王服"也。因此金大定年间方有加"十二章"之举。孔元措之见，见《孔氏祖庭广记》卷三，页二八，"崇宁四年八月"条。
3 孔传：《东家杂记》卷上，页二八下。
4 不著撰人：《大金集礼》（《景印文渊阁四库全书》第六四八册），卷三十六，页二上—二下。
5 欧阳修：《襄州谷城县夫子庙记》，《欧阳修全集》上册《居士集》，台北：华正书局，1975年，页一〇八。

> 事先师先圣于学而无庙，古也。近世之法，庙事孔子而无学。[1]

王氏所谓的"古"，便是指汉迄南北朝；"近世"则指战乱频仍的五代迄宋初，该时致有废学为庙，以祀孔子的窘境。[2] 直如马端临（1254—1323年）所述："自唐以来，州县莫不有学，则凡学莫不有先圣之庙矣。……盖衰乱之后，荒陋之邦，往往庠序颓圮，教养废弛而文庙独存。"[3] 故北宋朝廷便曾于庆历四年（1044年）下诏"立学州县"[4]，此不啻与唐贞观四年的诏下"州县学立庙"，形成强烈的对比。

复如前述，孔庙祭祀在异族王朝时有进展，反倒在汉人主其事的大明王朝，首挫于太祖，再挫于明世宗。兹分述如下。

洪武元年（1368年）二月，明太祖朱元璋循开国之君惯例，以太牢祀先师孔子于国学，并遣使诣曲阜致祭。为此，他说道：

> 仲尼之道，广大悠久与天地相并，故后世有天下者，莫不致敬尽礼，修其祀事。朕今为天下主，期在明教化，

---

[1] 王安石：《繁昌县学记》，《临川先生文集》卷八十二，台北：华正书局，1975年，页八六三。
[2] 王安石：《慈溪县学记》，《临川先生文集》卷八十三，页八七○。又，袁征：《从孔庙制度看宋代儒学的变化》，邓广铭、王云海等主编：《宋史研究论文集》，开封：河南大学出版社，1993年，第490—509页。庆历前后，"庙记"与"学记"文类的交替，是个有趣的观察。
[3] 马端临：《文献通考》卷四十三，北京：中华书局据上海商务印书馆1936年万有文库十通本影印，1986年，考四一一。对重"学"远逾于"庙"的马氏，委实痛心。
[4] 脱脱：《宋史》卷一百五十七，页三六五八—三六五九："庆历四年……建学兴善，以尊子大夫之行；更制革敝，以尽学者之才。……其令州若县皆立学，本道使者选部属官为教授……由是州郡奉诏兴学。"徐松辑：《宋会要辑稿》第五十四册，北平：国立北平图书馆，1936年，崇儒二（卷二万一千九百五十五），页"崇儒二之四"至"崇儒二之五"云："（庆历）四年三月诏，诸路州府军监，除ယ有学外，余并各令立学。如学者二百人以上，许更置县；若州县未能顿备，即且就文宣王庙或系官屋宇。"

以行先圣之道。[1]

太祖的措词充分显示：他深悉，对创业之君而言，"祭孔"作为强化"继统"的象征意义实不可或缺。之前，在初入江淮府，明太祖首谒孔子庙，即是明证。[2]

然而元明更迭之际，因朱氏与曲阜孔家圣裔交涉不顺，心生嫌隙[3]；洪武二年（1369年），太祖的态度急转直下，骤然下令孔庙春秋释奠止行于曲阜，天下不必通祀。[4] 此一举措委实耐人寻味，时值开国之际，百废待举，太祖屡诏儒臣大修礼事。[5] 同年即诏天下普祀城隍，而孔子反不得通祀。太祖所持的理由是：

> 自汉之下，以神（孔子）通祀海内，朕代前王统率庶民，目书检点，忽睹神之训言："非其鬼而祭之，谄也；敬鬼神而远之，祭之以礼。"此非圣贤明言，他何能道。故不敢通祀，暴殄天物，以累神之圣德。[6]

观上，太祖明白历代统治者皆通祀孔子于天下，却反其道而行，适见其专横独断，旨在伸张专制王权。又，洪

---

1 董伦等纂，黄彰健校勘：《明太祖实录》卷三十，页五下—六上。
2 张廷玉等：《明史》卷五十，台北：鼎文书局，1979年，页一二九六。
3 详论请参阅拙作：《道统与治统之间：从明嘉靖九年（1530）孔庙改制论皇权与祭祀礼仪》，《优入圣域：权力、信仰与正当性》，第107—131页。亦可参阅宋濂：《洪武三十年衍圣公孔克坚神道碑》，《石头上的儒家文献——曲阜碑文录》上册，页三六五—三六八。
4 《明史》之《太祖本纪》或《礼志》皆不载洪武二年，孔庙停天下通祀。《明实录》亦然。盖后世史臣为太祖隐讳。此一资料唯见于张廷玉等：《明史》卷一百三十九《钱唐传》，页三九八一。秦蕙田更误引王圻的《续文献通考》，误置洪武二年夏四月丙辰为诏天下通祀之日，其实应为洪武十五年夏四月丙戌。见董伦等纂，黄彰健校勘：《明太祖实录》卷一百四十四，页二上。请参较秦蕙田：《五礼通考》卷一百二十，页一上；王圻：《续文献通考》卷五十七，历史语言研究所藏明万历三十一年刊本，页七下—八上。
5 董伦等纂，黄彰健校勘：《明太祖实录》卷三十，页一上—四下；卷二十八，页一上—一〇上。
6 徐一夔：《大明集礼》（《景印文渊阁四库全书》第六四九—六五〇册），卷十六，页二〇上。《大明集礼》成于洪武三年九月，故载有洪武二年《致祭曲阜孔子御制祝文》。

武五年（1372年），太祖因览《孟子》，至"君之视臣如土芥，则臣视君如寇雠"，谓非臣子所宜言，乃罢孟子配飨，且诏有谏者劾大不敬。钱唐（1314—1394年）抗疏入谏曰："臣为孟轲死，死有余荣。"史书载"帝鉴其诚恳，不之罪"[1]。其实钱唐所体现的殉道行为，代表了政治权威与文化信仰正面的冲突，而其代价正是一个专制统治者所难以承担的。洪武六年（1373年），太祖旋复孟子配飨。[2] 惟迟至洪武十五年（1382年），方诏天下通祀孔子。《上谕》中但曰：

> 孔子明帝王之道，以教后世，使君君、臣臣、父父、子子，纲常以正，彝伦攸序，其功参于天地。[3]

他复刻意援引后周太祖（郭威，904—954年）谓"孔子百世帝王之师，敢不拜乎"的故事以自惕、自重[4]，其着眼于统治意理，昭然若揭。

之后，又有世宗缘大礼议，对儒生集团心生怨怼，竟致迁怒祭孔一事，遂于嘉靖九年（1530年）对儒学宗师的祭典大加砍杀。概括而言，计有下列四项：

（一）谥号："孔子不称王"。

（二）毁塑像，用木主；去章服，祭器减杀。

（三）更定从祀制：削爵称、进退诸儒。

1　张廷玉等：《明史》卷一百三十九，页三九八二。
2　王圻：《续文献通考》卷五七，页一一下。又，孙承泽：《春明梦余录》卷二十一，香港：龙门书局，1965年，页三六下。
3　董伦等纂，黄彰健校勘：《明太祖实录》卷一百四十四，页二上；明太祖：《祭孔希学文》，姚士观等编校：《明太祖文集》（《景印文渊阁四库全书》第一二二三册），卷十八，页四下。
4　后周太祖郭威的故事，参见薛居正：《旧五代史》卷一百一十二《周书》，台北：鼎文书局，1980年，页一四八二。明太祖的援引，参见庞钟璐：《文庙祀典考》卷四，台北礼乐学会据清光绪四年刊本影印，1977年，页四下。

（四）"大成殿"改称"孔子庙"，内增设"启圣祠"。[1]

约言之，嘉靖帝的举措一反唐宋以降孔庙祭典日趋峥嵘之势。

首先，唐开元二十七年（739年），孔子受册赠为"文宣王"，以表尊崇；从祀诸儒则赠"公"（若颜子赠兖国公）、赠"侯"（若卜子夏赠魏侯）、赠"伯"（若曾参赠郕伯），封爵不一。[2] 此一制度为历代王朝所承袭，北宋一代致议封"帝"，未得施行，竟行之于蛮夷之邦的西夏。

又，唐朝显庆之前，国家祭典虽有大祀、中祀、小祀的等级，但其祭祀礼器品项却相当凌乱：先农、先蚕，俱为中祀；笾、豆之数，或六或四，理不可通。遂更定大祀同为十二，中祀同为十，小祀同为八，而释奠既准中祀，则为十。[3] 但历代实际行礼，溢出中祀名目之均，却不在少数。[4] 例如：唐开元二十七年（739年），业允孔子塑像坐于南面，着"王者衮冕之服"，乐用"宫悬"天子之乐。[5] 而永泰二年（766年）兵兴之际，连宰相、常参官、六军军将皆毕集就国子学听讲。其时虽郊庙大祭，只有登歌乐，而庙庭犹具"宫悬"之乐于讲堂前。[6]

朝代之间虽有变化起伏，但明宪宗成化十二年（1476年），虽未能如祭酒周洪谟（1421—1492年）所奏请加孔子"帝号"，但复增乐舞为八佾，笾、豆各十二；孝宗弘治九年（1496年）更增乐舞为七十二人，如天子

---

1 详见拙作：《道统与治统之间：从明嘉靖九年（1530）孔庙改制论皇权与祭祀礼仪》，《优入圣域：权力、信仰与正当性》，第117—118页。
2 杜佑：《通典》卷五十三，页一四八一一一四八三。此为孔子封王，弟子封公侯之始。丘濬：《大学衍义补》（《景印文渊阁四库全书》第七一二—七一三册），卷六十五，页一四下。
3 刘昫等：《旧唐书》卷二十一，页八二五；卷二十四，页九一一。
4 按，"三祀"的祭品虽有一定的规格，但衡诸孔庙祭祀的历史，却常有溢出其祭祀的等级。综观，相应的祭祀仪式与祭品，唯有"斋戒"最能体现二级制的等级。参阅朱溢：《唐至北宋时期的大祀、中祀和小祀》，第292页。
5 刘昫等：《旧唐书》卷二十四，页九二一。
6 同上书，页九二三。

之制。[1] 到明嘉靖九年之前，祭孔已全用"祀天仪""天子之礼"，职是不能见容于心系专制皇权的世宗。[2]

原本皇明开国之初（1370年），太祖诏革诸神封号，谓此举"庶几神人之际，名正言顺，于礼为当"[3]，唯独对孔庙诸贤网开一面。[4] 可是孔庙爵封终究难逃其子孙——世宗之手。明初，太祖只允"乐舞用六佾，笾豆为十"，比起前代若干君主，未免略显寒酸，但世宗却谓："可谓尊崇孔子，极其至矣，无以加矣！"[5] 他甚至大言不惭道，"我太祖高皇帝，虽道用孔子之道，而圣仁神智武功文德，宜与尧舜并矣，恐有非孔子所可拟也"[6]，遂以孔子"人臣封王"为僭礼，横行削免孔子以下诸贤的爵称。

然而日后，却为异族之君——清世宗所讥斥，清世宗道出"三代以上之王号，即后世之帝称，非诸侯王之谓"[7]，刻意突显嘉靖议礼君臣的不学无文。[8] 雍正深切知晓其父皇——康熙奖掖孔庙祭典"汉唐莫及"，继志述事，故对孔子祭典优礼有加。"康熙甲子东巡狩，临幸阙里。谒奠庙林，殷礼隆仪，汉唐莫及。"[9] 雍正元年（1723年），

---

1 张廷玉等：《明史》卷五十，页一二九八。
2 同上。
3 董伦等纂，黄彰健校勘：《明太祖实录》卷五十三，页一下—二上。
4 同上书，页一下。洪武三年（1370年）六月癸亥，"惟孔子善明先王之要道，为天下师，以济后世，非有功于一方一时者可比，所有封爵，宜仍其旧"。另，因太祖定都的应天府（今南京）并无武成王之祀，以致洪武三年"武成王"当亦保有爵封，然稍后即废。洪武二十年（1387年）秋七月，明太祖否决礼部奏请立武学、用武举、祀太公、建武成王庙，并下令"太公之祀，止宜从祀帝王庙，遂命去王号，罢其旧庙"，故武成王因而失去爵封。同上书，卷一百八十三，页三上。
5 明世宗：《御制孔子祀典说》，收入李之藻：《頖宫礼乐疏》（《景印文渊阁四库全书》第六五一册），卷一，页五五上。
6 同上书，页五五下—五六上。
7 清世宗撰，鄂尔泰等奉敕编：《雍正朱批谕旨》，台北：文海出版社，1965年，页四一二〇。
8 清世宗：《雍正八年重建先师孔子庙碑》，《石头上的儒家文献——曲阜碑文录》下册，页八六三—八六四："至明嘉靖时，议礼诸臣进退从祀，贬损礼仪，盖感于匹夫不敢干天子礼乐之说，由是鄙私臆断，夫吾夫子以万世为人，春秋笔削已撰二百四十二年，南面之权安在，无土无人，曲学随儒，何从涯量高深。……我皇上……以天子尊天子之师，用天子之制，然后典礼崇重，万世无以复加。"
9 同上书，页八六一—八六二。

遂追封孔子五代王爵¹，径与嘉靖九年削夺孔子王封，形成强烈的对比。有趣的是，雍正持论与嘉靖全然相反，所以他虽未直接复孔子王封，却行之乃祖，未尝不寓深意。

又乾隆莅临阙里，次数之多为历代人君之冠。清光绪三十二年（1906年），孔庙升格为"大祀"，与天地、宗庙同，至此无以复加。² 究其实，异族人君崇奉孔教，正由于他们明白"帝王之政，非孔子之教，不能善俗"，而"政不能善俗，必危其国"。上述引语见诸元代曹元用（1268—1330年）所撰《遣官祭阙里庙碑》之内³，适透露了人君尊崇孔庙的真意。

外族入侵，一时难以领略孔庙祭典的意义，例如金人侵凌中原，焚掠殆尽，曲阜遂亦堕为烟尘。⁴ 但一旦需治理中土，即能理解祭孔为治国不可或缺，若金熙宗者，不只立孔子庙于上京，并亲祭孔子，北面再拜⁵；金章宗明昌二年（1191年），孔子庙门则置"下马碑"⁶。元朝，武宗则下诏（1307年），加号先圣曰"大成至圣文宣王"⁷。晚明文人张岱（1597—1679年）晋诣曲阜孔庙，便发觉庙里所藏历代帝王碑记，"独元碑高大"，而"庙中

---

1 雍正元年六月十二日，册封孔子五代为肇圣王、裕圣王、诒圣王、昌圣王、启圣王。骆承烈汇编：《石头上的儒家文献——曲阜碑文录》下册，页八五〇—八五三。
2 赵尔巽等撰，启功等点校：《清史稿》卷八十四，北京：中华书局，1994年，页二五三七—二五三八；卷二十四，页九五七；光绪三十二年十一月"戊申，诏升孔子为大祀，所司议典礼以闻"。
3 孔贞丛：《阙里志》卷十，页四〇下。
4 毁庙之举，见庄绰撰，萧鲁阳点校：《鸡肋编》卷中，北京：中华书局，1983年，页七六。
5 庞钟璐：《文庙祀典考》卷三，页一四下。金熙宗天会十五年（1137年）立孔子庙于上京。脱脱等：《金史》卷四，台北：鼎文书局，1980年，页七六—七七，熙宗遂言："朕幼年游佚，不知志学，岁月逾迈，深以为悔。孔子虽无位，其道可尊，使万世景仰。大凡为善，不可不勉。"
6 吕元善：《圣门志》（《丛书集成初编》第三三一八—三三二一册，上海：商务印书馆据盐邑志林本排印，1936年），卷二，页二七三。"下马碑"亦称"下马牌"。
7 宋濂等：《元史》卷二，台北：鼎文书局，1980年，页四二二；卷七十六，页一八九二。《祭祀志》系在至大元年（1308年）本纪系在人德十一年（1307年）七月，方为正确。宋绶、宋敏求编，司义祖点校：《宋大诏令集》卷一百五十六《追谥元圣文宣王诏》，北京：中华书局，1962年，页五八三，北宋真宗大中祥符元年（1008年），先追谥孔子为"元圣文宣王"。

凡明朝封号，俱置不用，总以见其大"的趣闻。[1]

又，辽太祖甫建国，以受命之君，理当敬天事神；群臣均举以佛为先以对。辽人本笃信佛教，诸臣以佛对，原属意料中事。然辽太祖却曰："佛非中国教。"并接受太子建言，以"孔子大圣，万世所遵，宜先"，遂建孔子庙，诏皇太子春秋拜奠。[2] 其实，辽太祖该时不止建了孔庙，另同时兴建佛寺、道观。[3] 但值得注意是竣工之后，太祖

图三 下马碑

碑立于孔庙棂星门两侧，东西各一块。金明昌二年（1191年）始立，明永乐十五年（1417年）重刻。（图片来自孔子故里编委会编：《孔子故里：东方智慧的文化殿堂》，杭州：浙江人民美术出版社，2000年，第25页。）

---

1 张岱：《孔庙桧》，氏著：《陶庵梦忆》，上海：世界书局，1947年，第10页。
2 脱脱等：《辽史》卷七十二，台北：鼎文书局，1980年，页一二〇九。
3 同上书，卷一，页一二—一三。

自身晋谒孔庙，却命皇后、皇太子分谒寺、观，轻重之分，不言而喻。[1]

四、孔庙祭典象征意义的扩张

（一）地方官与孔庙祭典

贞观二十一年（647年），许敬宗等有次奏言，影响祭孔甚巨，特别是制定了祭孔者主祭的身份。他们上奏道：

> 秦、汉释奠，无文可检。至于魏武，则使太常行事。自晋、宋以降，时有亲行，而学官主祭，全无典实。且名称国学，乐用轩悬，罇俎威仪，盖皆官备，在于臣下，理不合专。况凡在小神，犹皆遣使行礼，释奠既准中祀，据理必须禀命。今请国学释奠，令国子祭酒为初献，祝辞称"皇帝谨遣"，仍令司业为亚献，国子博士为终献。其州学，刺史为初献，上佐为亚献，博士为终献。县学，令为初献，丞为亚献，博士既无品秩，请主簿及尉通为终献。[2]

从此，在京城国学由学官代理皇帝负责主祭，但地方孔庙则下放给地方首长（刺史、县令等）行三献礼，成为尔后的定式。

况且，孔庙祭典在国家礼制所据的位置，令地方孔庙于官方祀典亦脱颖而出，而享有祭祀的优先性。如前述，汉初以来，地方官初任职，即晋谒孔庙，虽已成不成文的规矩，但只行于曲阜一隅。可是在后代，地方孔庙林立，遂推衍成普遍的惯例。例如：唐代以来，地方官到任谒庙的惯例逐渐形成[3]；但迄宋代，地方官甫上任之始，则首

---

1 脱脱等：《辽史》卷二，页一五。
2 刘昫等：《旧唐书》卷二十四，页九一七—九一八。
3 雷闻：《郊庙之外：隋唐国家祭祀与宗教》，页二四六—二五〇。

需晋谒地方孔庙，方及其他诸神。北宋的文彦博（1006—1097年）便说道：

> 五年（宋仁宗天圣五年，一○二七年），某以进士举中甲科，得大理评事，宰是邑。秋八月二十九日，始莅事。故事：守令始至，则郡县之祠庙悉诣之，恭于神，训于民，政之本也。由是询于邑吏，质之县图，载祀典、飨庙食者，惟宣圣之祠焉。翌日，伸祠谒之礼。[1]

"质之县图"则意谓核按地方官修的"图经"，仅明载"孔庙"方为必行的祀典。[2] 这项祭祀举动若属"故事"，可见已成惯例，行之久远。至晚，在南宋绍兴十四年，宋高宗（1107—1187年）用左奉议郎罗长源之请，明白下诏："州县文臣初至官，诣学祇谒先圣，乃许视事。"盖罗氏言："士大夫皆学夫子之道以从政，而不知所自，望令先诣学宫，以彰风化之本。"后遂着为令。[3]

职是之故，南宋的张孝祥（1132—1169年）到任时，于《先圣庙文》里遂撰有"服事之始，敬拜庙下，尚惟圣师相其微衷"[4]之辞。朱熹（1130—1200年）也见证到"建安熊君可量为衢之江山尉，始至，以故事见于先圣先师之庙"[5]；而其所自撰的《乡饮舍菜二先师祝文》[6]

---

1 文彦博：《潞公文集》（《四库全书珍本·六集》第二四五—二四六册，台北：台湾商务印书馆，1976年），卷十二《绛州翼城县新修至圣文宣王庙碑记》，页一上一一下。
2 有关州、县"图经"的发展，请参见仓修良、陈仰光：《从敦煌图经残卷看隋唐五代图经发展》，《文史》2001年第2辑（总第55辑），北京：中华书局，第117—139页。
3 李心传：《建炎以来系年要录》卷一百五十二，北京：中华书局据商务印书馆国学基本丛书本重印，1988年，页二四五四，"绍兴十有四年（1144年）冬十月庚子"条。
4 张孝祥著，徐鹏点校：《于湖居士文集》卷二十七《先圣庙文》，上海：上海古籍出版社，1980年，页二七二。
5 朱熹撰，陈俊民校编：《朱子文集》卷七十八《衢州江山学记》，台北：德富文教基金会，2000年，页三八九四—三八九五。熊可量系建安崇泰里人，生卒年不详，南宋孝宗干道五年（1169年）进士，曾任江山尉，历官两浙运干。
6 朱熹：《朱子文集》别集卷七《乡饮舍菜二先师祝文》，页五二五九："某为县长吏，敢不以时奉行，即事之初，以礼舍菜于先圣至圣文宣王，以公等配。"

《南康谒先圣文》[1]《漳州谒先圣文》[2],亦皆反映此一规制。后继的王朝遂萧规曹随,例如金朝、元朝亦着令:"凡职官到任谒庙,先诣宣圣庙,奠拜讫,方许诣以次神庙。"[3] 此处的"宣圣庙"乃泛指地方上的孔庙而言,显见孔庙的政治象征凌越他庙之上。而官员倘怠忽祀典者,立遭激烈的谴责,例如明儒周双溪(生卒年不详)争之上官:

> 丁祀先师,国之大祭也,而有司失之略,况使民乎?[4]

这种理直气壮的心态,实为长久政治文化塑模所致。但"职官到任先诣宣圣庙"的规定,自明代起则未见于诏令[5];个人揣测,当与明太祖洪武二年(1369年)废止地方通祀孔子有关。而后,虽于洪武十五年(1382年)再次恢复天下通祀孔子,但前朝行之有年"职官到任先诣宣圣庙"的惯例,并未见恢复。

(二)儒生与孔庙从祀制

另外必须一提的,唐贞观二十一年(647年)除了订定祭孔的各地主祭者身份之外,同时还确立了孔庙的从祀制。略言之,自从东汉明帝永平十五年(公元72年)祀孔子并及七十二弟子起,孔庙从祀制已启其端。[6] 明帝以

---

1 朱熹:《朱子文集》卷八十六《南康谒先圣文》,页四二五〇:"祗事之初,敢以诚告,惟先圣先师之灵,实诱其衷。"
2 同上书,卷八十六《漳州谒先圣文》,页四二六一:"兹荷误恩,复叨郡寄。莅事之始,载见祠廷。"又,朱熹辞吏告归,复有《辞先圣文》,不知为常规或特例?参同书,卷八十六,页四二四九。
3 金朝于天德初,修礼仪所制。参见孔元措:《孔氏祖庭广记》卷三,页三〇,"天德初年"条。又,"元成宗大德初,敕到任先诣先圣庙拜谒,方许以次诣神庙,着为令"。参见吕元善:《圣门志》卷四,页二七三。秦蕙田以为元朝大德初的敕令为"此后世到任谒庙之始",盖误。参较秦蕙田:《五礼通考》卷一百一十九,页六下。
4 杨起元:《太史杨复所先生证学编》《四库全书存目丛书》子部第九〇册,台南:庄严文化公司据北京图书馆藏明万历四十五年余宁刻本影印,1995年》,卷三,页九下。
5 承蒙我的同事邱仲麟博士和陈熙远博士告知,明代以下未见著录此一诏令。
6 范晔:《后汉书》卷二,页一一八,永平十五年三月,明帝"幸孔子宅,祠仲尼及七十二弟子。亲御讲堂,命皇太子、诸王说经"。

降，孔庙附祭制度陆续发展，间有从祀七十二弟子，或颜子配飨，层次不一。整体而言，均朝向从祀制的完备迈进。贞观二十一年，唐太宗诏左丘明等二十二人与颜回并为先师，俱配尼父于太学，从此奠立孔庙从祀制的规模。[1] 依此，从祀诸儒自然是儒生至高的典范和科考的准则，而期盼身后得以进入孔庙从祀，则成为儒生内心向往的价值。但从祀制度的运作，则经常颉颃于儒生集团与统治者的势力之间。[2] 此外，孔庙复为儒生改变身份的场所。自唐代举行科考以来，贡举人有进谒先师之礼，后遂成常规。这是根据开元五年（717年）朝廷敕令所办理的[3]，尔后，国子监或太学的孔庙复成为进士释褐之所。举明朝为例，"洪武四年，令进士释褐，诣国学行释菜礼"[4]。"释褐礼"若此："廷试后，颁状元及诸进士冠服于国子监，传胪日服之。上表谢恩后，谒先师行释菜礼毕，始易常服，其巾袍仍送国子监藏之。"明清以降，"举人"列作功名，地方孔庙亦顺势成为举人释褐之处。"释褐"乃由布衣晋身仕宦之礼，孔庙则为其行礼之处。[5]

而明清时期，文士辄借"哭庙"以抗议官府的举动，

---

[1] 王溥：《唐会要》卷三十五，页六三六："贞观二十一年，以孔子为先圣，更以左丘明等二十二人，与颜回俱配尼父于太学，并为先师。"按，二十二人为左丘明、卜子夏、公羊高、谷梁赤、伏胜、高堂生、戴圣、毛苌、孔安国、刘向、郑众、杜子春、马融、卢植、郑康成、服子慎、何休、王肃、王辅嗣、杜元凯、范宁、贾逵。

[2] 详论孔庙从祀制，请参阅拙作：《学术与信仰：论孔庙从祀制与儒家道统意识》，初刊于《新史学》5卷，1994年第2期，第1182页；另收入拙著：《优入圣域：权力、信仰与正当性》，第185—260页。

[3] 刘昫等：《旧唐书》卷二十四，页九一九；脱脱等：《宋史》卷一百〇五，页二五五三—二五五四。《旧唐书》及《宋史》皆言：开元二十六年敕，诸州乡贡见讫，令引就国子监谒先师，学官为之开讲，质问疑义，有司设食。《新唐书》却系在开元五年，参阅该书卷四十四，页一一六四。查《五代会要》亦是系在开元五年。王溥：《五代会要》卷八，台北：九思出版社，1978年，页一二七。

[4] 李东阳等奉敕修，申时行等重修：《明会典》卷九十一，北京：中华书局，1989年，页五二〇。

[5] 张廷玉等：《明史》卷六十七，页一六四一。又，庞钟璐：《文庙祀典考》卷五，页二五下。"传胪"系科举制度里，廷试结束后，由皇帝亲自宣布登第进士名次的典礼。传胪日指举行典礼的当天。

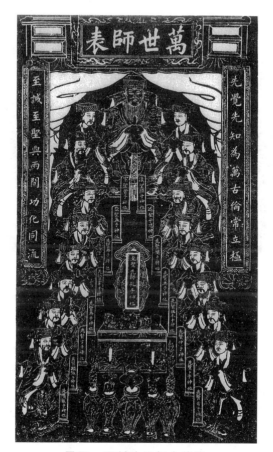

图四　石刻孔子与众徒像

（图片来自首都博物馆、中国教育图书进出口公司主编：《孔子：纪念孔子诞辰二五四〇周年》，北京：中国教育图书进出口公司，1989年，第82页。）

更突显出孔庙乃儒生集体的精神堡垒。[1]

（三）孔庙与祭告之礼

孔庙并且为举行"祭告"之礼的场域，《通典》载有："古者天子将巡狩，必先告于祖，命史告群庙及社稷、圻

---

[1] 陈国栋：《哭庙与焚儒服：明末清初生员层的社会性动作》，《新史学》第3卷，1992年第1期，第69—94页。

图五　北京孔庙乃进士释褐之处（笔者摄）

内名山大川。"[1] 之前祭告之礼，常局限于天地、宗庙及社稷；但随着孔庙的祭典在帝国礼制日趋核心的地位，北宋太宗淳化三年（992年）将郊，所谓祭告"群庙"，已涵盖"文宣、武成"等庙[2]，显见"告礼"于后代不断地演化而有所扩充。[3]

《明史·礼志》便载明："凡即位之初，并祭告阙里孔庙及历代帝王陵寝。"[4] 此系根据太祖洪武二年"遣使诣曲阜致祭，定列圣登极，永着为令"的规定。[5] 职是之故，明代新立之君，便须遣官祭告孔庙。究其故，太祖乃循行前朝异族之君的故事：元代仁宗至大四年（1311年）登基，遣官诣曲阜致祭孔子；尔后蒙元统治者便遵行此典[6]，明太祖遂亦有是举。而有清一朝萧规曹随，凡登极授受大典、

---

[1] 有关古代告礼，参阅杜佑：《通典》卷五十五，页一五三六。
[2] 脱脱等：《宋史》卷一百〇二，页二四九八："淳化三年十二月将郊，常奏告外，又告太社、太稷及文宣、武成等庙。"
[3] 马端临：《文献通考》卷八十九，页考八〇九一八一七。
[4] 张廷玉等：《明史》卷四十九，页一二七六一一二七七。
[5] 庞钟璐：《文庙祀典考》卷四，页一下。
[6] 宋濂等：《元史》卷七十六，页一八九九。

凯旋奏功，释奠先师、告祭先师、阙里，均为必行之典。[1]

《礼记·王制》复载有天子"出征，执有罪；反，释奠于学，以讯馘告"[2]，意谓：天子出师征伐，执有罪之人；返而归释奠于学，以克敌之事，告祭先圣先师。而明初太祖业废武成庙，因此，以有清一代为例，便有诸多克捷告祭孔庙之文留下，若圣祖的《剿灭噶尔丹告祭先师孔子文》[3]，世宗的《平定青海告成太学碑文》[4]，高宗的"平定金川""平定准噶尔""平定回部"等的告成太学碑文。[5] 以乾隆帝之言，无非是"武成而勒碑文庙"的例行之举。[6] 所以孔庙的象征意义便日渐扩大，原是"明教化大原，使民敬学知向"，遂演变成"虽行师伐罪，亦受成于学"，以示崇敬了。[7] 职是之故，魏源（1794—1857年）在《圣武记》才会说道："故帝王武功，或命将，或亲征，惟以告于庙社，未有告先师者，在泮献馘复古制，自我圣祖始。"[8]

以上所述，本诸动态形构（structuration）的观点[9]，

---

1 赵尔巽等：《清史稿》卷八十二，页二五〇〇—二五〇一。
2 孙希旦：《礼记集解》卷十二，页三三三三。"讯"，所生获当讯问者；"馘"，杀之而割取左耳者。
3 清圣祖制，张玉书、允禄等奉敕编：《剿灭噶尔丹告祭先师孔子文》，《圣祖仁皇帝御制文第二集》（《景印文渊阁四库全书》第一二九八册），卷四十一，页八上—九上。
4 清世宗制：《平定青海告成太学碑文》，《世宗宪皇帝御制文集》（《景印文渊阁四库全书》第一三〇〇册），卷十四，页五上—八下。
5 清高宗制，于敏中等奉敕编：《平定金川告成太学碑文》，《御制文集·初集》（《景印文渊阁四库全书》第一三〇一册），卷十七，页一二下—一六上；《平定准噶尔告成太学碑文》，同上书，卷十九，页一上—六下；《平定回部告成太学碑文》，同上书，卷二十，页五下—一一下。
6 清高宗：《平定准噶尔告成太学碑文》，同上书，卷十九，页四下。
7 马浮（1883—1967年）：《绍兴县重修文庙记》，《华国》第1卷，1923第4期，第1页。
8 魏源：《圣武记》（收入魏源全集编委会编校：《魏源全集》第三册，长沙：岳麓书社，2004年），卷三《康熙亲征准噶尔记》，页一一八。本文付梓之际，有幸得读朱玉麒先生的访谈，其中提到清季文庙此类纪功碑甚于普及地方孔庙的现象，值得留意。见黄晓峰、钱冠宇：《朱玉麒谈清代边塞纪功碑与国家认同》，刊于上海《东方早报》2015年7月12日"上海书评"第一篇。
9 "structuration"译为"动态形构"或"结构化"，乃是英国社会学家安东尼·季登斯（Anthony Giddens, b. 1938）所阐发的核心社会理论。参见 Anthony Giddens, *The Constitution of Society: Outline of the Theory of Structuration*, Cambridge: Polity Press, 1986. 拙文只不过便宜行事，用来指称历史上"制度"和"行为者"彼此形塑的动态过程。

大致勾勒了孔庙祀典融入帝国礼制的过程。至于遭逢政治、社会失序，造成孔庙祀典出现非属祭典礼制的常态，则非本文着眼所在。例如，北魏孝文帝延兴二年（472年）致祭孔子的诏书言道："顷者淮徐未宾，庙隔非所，致令祠典寝顿，礼章殄灭。"诏书中更透露孔庙有遭亵渎、鸠占鹊巢的景象："遂使女巫妖觋，淫进非礼，杀生鼓舞，倡优媟狎，岂所以尊明神、敬圣道者也？"因此孝文帝下令，"自今已后，有祭孔子庙，制用酒脯而已，不听妇女合杂，以祈非望之福。犯者以违制论"[1]。"犯者以违制论"，则表示此一现象非为官方礼制所允许。此外，《大金国志》也载有类同北魏时期的状况。[2]

由于上述这些情状不符祠典的常礼，因此必然受到朝廷的纠举。此不啻呼应了"公家有事，自如常礼"的规范。[3]

五、余论：孔庙祭典的宗教性格

供奉儒教诸贤的孔庙，乃系国家宗教的神圣之域，除了统治者与儒生集团得以参拜，外人并不得随意进入；此一独特的情况，竟连明太祖都觉得不可思议。他注意到：

> 如三教，惟儒者凡有国家不可无。夫子生于周，立纲常而治礼乐，助国宏休，文庙祀焉。祀而有期，除儒官叩仰，愚民未知所从。夫子之奇，至于如此。[4]

---

1 魏收：《魏书》卷七上，页一三六。
2 宇文懋昭撰，纪昀等奉敕重订：《钦定重订大金国志》（《景印文渊阁四库全书》第三八三册），卷十八，页六，金大定二十六年（宋淳熙十三年，1186年）二月，诏曰："曩者边场多事，南方未宾，致令孔庙颓落，礼典陵迟，女巫杂觋，淫进非礼。自今有祭孔庙制，用酒脯而已，犯者以违制论。"
3 魏收：《魏书》卷七上，页一三六。
4 明太祖：《释道论》，《明太祖文集》卷十，页一五上—一五下。

"除儒官叩仰,愚民未知所从",其实太祖的诧异有其渊源。宋代有位儒臣,因辟雍始成,请开学殿,使都人士女纵观,然而却大为士论所贬[1],可见孔庙的封闭性,其来有自。又元朝有道诏令适足以说明孔庙独特的境况,这道诏令攸关曲阜庙学的复立,并特别指示有司"益加明絜、屏游观、严泛扫,以称创立之美,敬而毋亵神明之道"[2]。明末朱国祯(1558—1632年)恭谒孔庙,亦云:"入庙,清肃庄严,远非佛宫可儗。"[3] 朱氏的观感透露了孔庙的特质与普通庙宇颇有违异之处。这不禁提醒我们一桩趣事:明末散文家张岱,其进阙里孔庙,原来竟是"贿门者,引以入"[4]。不但如此,地方孔庙除特定时节,亦门禁森严。即使下迄清代末叶,孔庙照旧是"非寻常祠宇可比,可以任人入内游观"[5]。毋怪清末保教甚力的康有为(1858—1927年)亦非得坦承:"吾教自有司朔望行香,而士庶遍礼百神,乃无拜孔子者。"[6] 这充分显示作为儒教圣域的孔庙,具有排他、垄断的性质。

此外,金朝朝廷有段君臣对话,甚能反映儒教的俗世特质。[7] 明昌五年(1194年),金章宗对于佛徒、道士常

---

1 脱脱等:《宋史》卷三百五十一,页一一一〇一。
2 袁桷:《清容居士集》(《四部丛刊初编·缩本》第二九五一二九七册,台北:台湾商务印书馆,1965年),卷三十五,页五一六。此一诏令应是元世祖中统二年(1261年)所颁《先圣庙岁时祭祀禁约搅扰安下》,之后亦屡下类似的诏令。参见佚名:《庙学典礼》卷一,页一二;卷二,页四一一四二。
3 朱国祯:《涌幢小品》(《笔记小说大观》二二编第七册,台北:新兴书局,1984年),卷十九,页三上。
4 张岱:《孔庙桧》,《陶庵梦忆》,卷九:"己巳,至曲阜,谒孔庙。贿门者,引以入。"己巳是明崇祯二年(1629年)。这种状况在民初无大改变,蒋维乔于民国二年(1913年)谒曲阜孔庙,仍需"有人引导,持钥启各殿宇"。蒋维乔:《曲阜纪游》,在王文濡序,姚祝萱校:《新游记汇刊续编》第一册,卷之七,上海:中华书局,1925年,页二〇。
5 《闻报纪毁圣讹言一则率书其后》,《申报》光绪二十四年四月初十日(1895年5月29日)。
6 康有为:《两粤广仁善堂圣学会缘起》,姜义华等编:《康有为全集》第二集,上海:上海古籍出版社,1990年,页六二一。
7 由义理层次析论儒教的俗世性格,则请参阅拙作:《论儒教的俗世性格:从李绂的〈原教〉谈起》,《思想史》创刊号,2013年10月,第59—84页;后收入拙著:《从理学到伦理学:清末民初道德意识的转化》,北京:中华书局,2014年,第312—340页。

能维持寺观，反而儒者"于孔子庙最为灭裂"殊感不解；他的大臣完颜守贞（？—1200年）则解说道："儒者不能长居学校，非若僧道久处寺观。"[1] 守贞的答话透露了僧人、道士得专司职守，固守庙观；而孔庙虽有国家的支持，但儒生与百姓同样处身俗世，显现了儒教"扩散型宗教"的特征。[2]

析言之，始自汉代，孔庙领有官庙地位之后，其政治性格便一步步地深化。这从分析参与祭祀者的成员，立可清楚地反映出来：唐宋之后，孔庙祭祀者无论上自天子、孔家圣裔，下及朝廷命官、地方首长，一律享有官员身份，至于官学的儒生只是参与典礼的陪祭者而已。普通老百姓，甚至闲杂人士，更不得随意参拜。所以孔庙对一般老百姓便显得隔膜了。

从官方的观点，供奉孔子乃系垄断性的仪式。不止明太祖于"首定天下之时，命天下崇祀孔子于学，不许祀于释、老宫"[3]，后继的朝廷亦三令五申禁绝天下祀孔子于释、老宫庙。[4] 有趣的是，即使进入现代，台湾民间建立奉祀孔子之庙宇，概不得用"孔庙"或"孔子庙"为名称。从另一个角度视之，孔庙犹残存官方独擅的特质。

简言之，孔子与释、老不得同庙，显示了官方的孔子之祭与民间的三教，存有不可言喻的紧张关系。首先，孔

---

1 脱脱等：《金史》卷十，页二三四。
2 C. K. Yang, *Religion in Chinese Society*, Berkeley and Los Angeles: University of California Press, London: Cambridge University press, 1961, chaps. 10 & 12. 依杨庆堃的观点：所谓"扩散型宗教"（diffused religion）乃与"制度性的宗教"（institutional religion）相对而言。前者的宗教思想与制度渗透或拓展至世俗的社会组织，而无独立的组织，而后者的宗教组织却与世俗的社会组织泾然有别，例如佛教、基督教等。职是，儒者犹具世俗的身份，而释、道则具出世的身份，从宗教组织的类别截然不同，明显映照出儒教具有"扩散型宗教"的特质。杨氏的见解启发自西方宗教社会学家瓦赫（Joachim Wach, 1898—1955），确有见地。唯独无法涵盖作为儒教圣域的孔庙。
3 明世宗：《御制孔子祀典说》，《頖宫礼乐疏》卷一，页五五上。
4 张廷玉等：《明史》卷五十，页一二九七；赵尔巽等：《清史稿》卷八十四，页二五三六；又，庞钟璐：《文庙祀典考》卷一，页一六上、页二九下；卷四，页六上。

子系帝王师，乃为统治阶层所专擅的祭祀。其次，孔子在三教庙经常屈处于陪神的位置，对统治者造成碍眼之忌。宋僧志磐（生卒年不详，1258—1269年前后）《佛祖统纪》即透露：

> 旧来僧居多设三教像，遂为院额殿名。释迦居中，老君居左，孔圣居右。[1]

又宋理宗时，画院待诏马远（1160—1225年）的"三教图"即画有"黄面老子"（佛陀）跏趺坐，"犹龙翁"（老子）俨立于旁，孔夫子乃作礼于前，显有轻蔑儒教之意。[2] 后世朝廷虽屡加禁止，但宋代以降，民间三教流行，其成效则有待保留。举其例，乾隆初，河南一地所立三教堂，合释迦、老子、孔子偶像于一殿，即达五百九十余处。[3] 末了，光绪三十二年（1906年），孔庙虽然晋升为大祀，但不出数年，便成为帝国落日的余晖。随着帝制崩解，民国成立，孔子之祀遂"际亘古未有之变，俎豆废祀，弦诵绝声"[4]。古人云："皮之不存，毛将焉附？"孔庙祭典顿时坠入风雨飘摇之中，无所挂搭。居间虽曾有康有为力图复振，四处呼吁将孔子祭典"入宪"共和，但终告功败垂成。[5] 自此，孔庙便沦为当今华人社会的文化游魂，"妾身未明"，亟待重新定位。

简言之，孔庙祭典在中华帝国史由于政教合一，遂与

---

[1] 志磐：《佛祖统纪》（收入《大正新修大藏经》第四九册，台北：新文丰出版公司，1983年），卷四十六，页四一九a。
[2] 周密（1231—1298年）：《齐东野语》（《景印文渊阁四库全书》第八六五册），卷十二，"三教图赞"条，页一五b。
[3] 徐珂编纂：《清稗类钞》第一五册宗教类（稗三七），台北：台湾商务印书馆，1966年，页三。
[4] 康有为：《致北京孔教会电》，汤志钧编：《康有为政论集》下册，北京：中华书局，1981年，页九二一。
[5] 请参阅拙作：《清末民初儒教的"去宗教化"》，《从理学到伦理学：清末民初道德意识的转化》，北京：中华书局，2014年，第251—253页。

帝国礼制形成有机的结合，并获得长足的发展。但一旦帝制崩溃，则未免陷入土崩瓦解的窘境，此正应验了"水能载舟，亦能覆舟"的谚语。在今日社会，孔庙也唯有去政治化，重新寻觅立基点，方能再浴火重生。

图六 三教图

明代丁云鹏绘"三教图"轴，现藏北京故宫博物院。纸本设色，纵115.6厘米，横55.7厘米。图左下款署"善男子丁云鹏敬写"。钤"丁云鹏印""南羽氏"。丁为安徽休宁人（1547—1628年）。画上有陈继儒题记。（图片来自北京故宫博物院网站，http://www.dpm.org.cn/）

儒教的圣域

学术与信仰
——论孔庙从祀制与儒家道统意识

拙文承蒙陈弱水、王汎森两位学兄订正,谨此致谢。本文初载《新史学》5卷2期(1994年6月),第1—182页;后收入拙著:《优入圣域:权力、信仰与正当性》,北京:中华书局,2010年,第185—260页。2014年9月校订。

一、引言

在帝制中国,孔庙作为官方祭祀制度,恰是传统社会里政治与文化两股力量最耀眼的交点。以皇权为代表的政治势力,其对孔庙祭祀制度的作用,个人已略有着墨[1];本文则企图从文化的角度,探讨儒学主流思想如何通过道统意识来左右孔庙从祀制,并造成历史上诸多的变迁。

宋末元初的熊鉌(1253—1312年)说:"尊道有祠,为道统设也。"[2] 此处的"祠",指的即是孔庙。孔子(公元前551—公元前479年)为道统之源,素为儒者所宗;祭祀孔子,即是为了尊崇道统。明代的程徐(?—1370年)于上疏太祖勿停天下通祀孔子时,将这一点陈述得十分透彻,他说:

> 孔子以道设教,天下祀之。非祀其人,祀其教也、祀其道也。[3]

此外,孔庙祭祀对象,除了孔子之外,尚包括历代儒教正统的承继者,这就涉及孔庙从祀制了。

孔庙之所以有从祀者,旨在"佐其师(孔子),衍斯世之道统"[4];据王世贞(1526—1590年)所云:"(斯

---

[1] 拙作:《清初政权意识形态之探究》,《历史语言研究所集刊》第58本第1分(1987年3月),第105—132页;《道统与治统之间》,《历史语言研究所集刊》第61本第4分(1990年12月),第917—941页;《权力与信仰:孔庙祭祀制度的形成》,《大陆杂志》第86卷第5期(1993年5月),第8134页。
[2] 熊鉌:《熊勿轩先生文集》(《丛书集成初编》第二四〇七册,上海:商务印书馆,1936年),卷四,页四八。
[3] 张廷玉等:《明史》卷一百三十九,台北:鼎文书局,1980年,页三九八二。
[4] 王世贞:《弇州山人四部稿》卷一百一十五,台北:伟文图书公司,1976年,页二上。

礼）虽德之者，不能举无功之祀；怨之者，不能废应祀之功。"[1] 循此，学者于从祀人选应无歧见才是；但衡诸史实则不然，学者各持己见、莫衷一是，反是常事。究其由，历代诸儒甚至并世诸儒，对"道统"一义的了解多有分歧，导致从祀标准迭有变异。诚如朱门高弟——黄榦（1152—1221年）所感叹：

呜呼！道之在天下未尝亡也，而统之相传，苟非其人，则不得而与。[2]

这也就是儒者坚持"道之正统，待人而后传"[3]的道理。由于这项坚持，历代从祀人选的标准难免随着儒家思想脉动，而有所变迁。

然而孔庙究属国家祭祀要典，儒者本身对从祀人选并无法私相授受。孔庙所奉祀的人物，无论进退与否，均须受朝廷的认可与节制。依惯例，从祀诸儒必得由廷议产生。

私下之间，学者对于何人可从祀孔庙，往往议论纷纷、各有所是。但若经儒臣具疏建言，复经皇上下诏廷议，则可进行正式的辩论。明代的沈鲤（1531—1615年）就曾说明廷议的功能。他说：

从祀一事，持久不决，必烦廷议者，则以在廷之臣可以尽天下之公议，而众言佥同，人品自定，所以要之于归一之论也。[4]

---

[1] 王世贞：《弇州山人四部稿》卷一百十五，页二上。
[2] 王懋竑：《朱子年谱》（《丛书集成初编》第三四二〇—三四二五册），卷四下，页二四〇。
[3] 同上书，页二三五。
[4] 孙承泽：《天府广记》卷九，北京：北京出版社，1962年，页八八—八九。

可知廷议主旨在于汇集共识，亟求从祀至当归一。

可是，究其实廷议仅仅是从祀孔庙的程序而已，真正的裁量权仍握在皇帝手中。以明世宗嘉靖十九年（1540年）为例，众议薛瑄（1389—1464年）宜从祀文庙否；《明实录》记录完备，足供参考：

先是御史杨瞻、樊得仁奏："故礼部侍郎薛瑄，国朝大儒，宜从祀文庙。"诏下儒臣议。时尚书霍韬……二十三人议宜祀；庶子童承叙、赞善浦应麒议宜缓；赞善兼检讨郭希颜以瑄无著述功，议不必祀。[1]

观此，薛瑄已获得绝大多数儒臣（二十三人）的支持，入祀孔庙似不成问题。是故，其时"给事中丁湛等请从众议之多者"，至是礼部亦集议以请。[2] 但事情的发展大大出乎意料，明世宗却置廷议于不顾，依旧执意论久而后定，以慎重祀典。他言道：

圣贤道学不明，士趋流俗，朕深有感。薛瑄能自振起，诚可嘉尚；但公论久而后定，宜候将来。[3]

所以直至隆庆五年（1571年），薛瑄不单获得廷议的支持，且得到明穆宗的首肯，方得配飨孔庙。这显示孔庙从祀人选的裁量权，最终仍操在统治者手中。明儒王世贞以传统的语汇赞美之："斯礼也，人主行之以厚道，而持之以公道。"[4] 这点适透显孔庙从祀制的政治文化。

---

1 徐阶、张居正等纂修：《明世宗实录》（收入黄彰健校勘：《明实录》，台北：历史语言研究所，1966年），卷二百三十五，页二下。
2 同上。
3 同上书，页二下—三上。
4 王世贞：《弇州山人四部稿》卷一百十五，页二上。

由于孔庙所奉祀的对象全然为儒家圣贤，身后从祀孔庙自然成为儒者至高的荣耀。例如：王守仁（1472—1529年）生前平"宸濠之乱"有功，受封"新建伯"。可是时人视此爵称仅止"一代之典"，阳明身后倘能入祀孔庙方为"万代之典"[1]。阳明弟子——薛侃（1486—1545年）于敦请朝廷允王氏从祀孔庙之时，即录有"从祀孔庙，万代瞻仰，甚盛举"[2]之语。可见入祀孔庙的殊荣，远逾俗世的爵封。清儒钱大昕（1728—1804年）就道出"孔庙从祀，非寻常事"[3]，不啻一语道破其中关键。

　　而传统读书人对"入祀孔庙"的关切，又可从下列两件事例稍加说明。明儒冯从吾（1557—1627年）素好圣学，举止矜庄；时人即以"此食生狗肉者"讥之，盖缘祀孔须享以牲礼，借此暗讽冯氏"有意于两庑之间"[4]。冯氏的故事固是反讽的例子，却透露了"从祀孔庙"的文化象征经常活跃于古人心目之中。又清人李文照（1672—1735年），方十岁，游郡城。李父携之晋谒孔庙，徇行殿庑，告以配飨从祀之典。李氏随应曰："如此庶不枉一生。"[5] 李文照的故事显示传统儒生自幼即浸淫"从祀孔庙"的文化价值，以致"入祀孔庙"的意向深植士子民心。

　　其实上述文化心理的表征，乃长远以来孔庙在建制过程中积累而成的效果。例如：贞观四年（630年），唐太宗诏地方州、县学普设孔子庙[6]，此举促使士子耳濡目染

1　孙承泽：《春明梦余录》卷二十一，1883年南海孔氏刻印古香斋袖珍本影印本，香港：龙门书局，1965年，页三六下；又见氏：《天府广记》卷九，页八九。
2　薛侃：《请从祀疏》，王守仁撰，吴光等校：《王阳明全集》卷三十九，上海：上海古籍出版社，1992年，页一四九五。
3　钱大昕撰，吕友仁标校：《潜研堂集》卷十九，上海：上海古籍出版社，1989年，页三二一。
4　董其昌著，叶有声校：《容台集》卷一，影印明刊本，页一二上—一三下。
5　徐珂编撰：《清稗类钞·性理类》，台北：台湾商务印书馆影印1917年上海商务印书馆初稿，1966年，页二六。
6　欧阳修、宋祁：《新唐书》卷十五，台北：鼎文书局，1980年，页三七三。

儒者成圣希贤的荣耀，大有潜移默化之功。惟就制度而言，仍以孔庙从祀制的建立最为关键。是故，必须先对此一制度的形成略加探讨，方能进一步观察儒家主流思想与孔庙发展史的关系。

二、从祀制的形成

古人每事必祭其创始之人，譬如：耕之祭先农、桑之祭先蚕、学之祭先师，都是秉持同样的道理。[1] 于古代典籍之中，《周礼》《礼记》分别提供了学者祭祀先师的经典依据。《周礼·春官》载有：

> 凡有道者有德者，使教焉，死则以为乐祖，祭于瞽宗。[2]

《礼记·文王世子》亦云：

> 凡学，春官释奠于其先师，秋冬亦如之。[3]

孔子为儒者宗师，孔庙祭祀以孔子为主，即是体现上述的礼制规范。

然而，孔庙除却祭孔，还涉及附祭制度。这包括"配飨"及"从祀"两大位阶，二者在本文概称"从祀制"。但古来未尝有弟子从祀于师之礼，职是之故，孔庙从祀制确为创举。[4] 然而孔庙，尤其从祀制，较之其他古代祭礼

---

[1] 顾炎武：《原抄本顾亭林日知录》卷十八，台北：文史哲出版社，1979年，页四三〇。
[2] 孙诒让撰，王文锦、陈玉霞点校：《周礼正义》卷四十二，北京：中华书局，1987年，页一七二〇。
[3] 孙希旦撰，沈啸寰、王星贤点校：《礼记集解》卷二十，北京：中华书局，1989年，页五五九。
[4] 魏了翁：《重校鹤山先生大全文集》(《四部丛刊初编》影印乌程刘氏嘉业堂藏宋刊本)，卷四十五，页六上。

(例如郊祭、社稷），实属晚起；所以孔庙礼制的发展，无疑已有成规可循。这只要略加剖析从祀制，立可发现挪借或转化昔存礼制的痕迹。就此视之，"配飨""从祀"均无例外。

首先，祭典有主、有配。例如《礼记·祭义》即曾记载：

郊之祭，大报天而主日、配以月。[1]

古人祭天于郊，故云"郊祭"。唐代孔颖达（574—648年）对祭天系主日、配月，有如是的疏解：

主日配以月者，谓：天无形体，悬象着明不过日月，故以日为百神之主，配之以月。自日以下皆祭，特言月者，但月为重，以对日耳。[2]

宋儒卫湜（1118年前后在世）则以其他祭典为背景，对祭天主日配月提供了较广泛的比较，他说：

有其祀，必有其配。故主以日，而又配以月也。犹之祭社，则配以句龙；祭稷，则配以周弃焉。[3]

此处的"社"即是"五土之神"，"稷"则为"五谷之神"（"五土之中，特指原隰之祇"）。[4] 祭祀社稷，在汉代已是中央与地方常行之祀典。依郑玄（127—200年）

---
1 孙希旦：《礼记集解》卷四十六，页一二一六。
2 郑玄注，孔颖达疏：《礼记注疏》（《景印文渊阁四库全书》第一一五——一六册，台北：台湾商务印书馆，1983年），卷四十七，页一六下。
3 卫湜：《礼记集说》（收入徐干学等辑：《通志堂经解》第三〇—三二册，台北：大通书局，1969年），卷一百一十一，页一三下。
4 杜佑著，王文锦等点校：《通典》卷四十五，北京：中华书局，1988年，页一二六四。

的解释,句龙、周弃之所以配飨社稷,乃循"古者官有大功,则配食其神"的原则。[1] 可见陪祭配位不止是古代祭典之常事,且允以"人物"行配位之实。

必须补充的是,主日配月仅是祭天之一种仪式而已;此外,历史人物亦可充任郊天配位的角色,通常这个人物即是创业圣统的始祖。此一制度传言始自周公。《孝经·圣治章》有如下常为史书引述的语句:

> 孝莫大于严父,严父莫大于配天。……昔者周公,郊祀后稷以配天,宗祀文王于明堂,以配上帝。[2]

西汉平帝元始五年(5年),王莽(公元前45年—公元23年)上奏复行郊祭仪,即接引上述之语作为典据。他对王者所以必须祭天,有如下的解释:

> 王者父事天,故爵称"天子"。……王者尊其考,欲以配天,缘考之意,欲尊祖,推而上之,遂及始祖。[3]

其实,王氏所言已涉"禘之礼",即《礼记》《丧服小记》与《大传》中所谓:"王者禘其祖之所自出,以其祖配之。"[4] 依郑玄所解则是:凡大祭曰"禘"。大祭其先祖所由生,谓"郊祀"[5]。遵此,后稷为周之始祖,故行郊天之祭,尊之以配天;惟文王为开国之君,故又"宗祀"文王于明堂以配上帝。为此,郑玄注云"王者之先祖,皆感

---

1 转引自范晔:《后汉书》志第九,台北:鼎文书局,1983年,页三二〇〇。
2 唐玄宗注:《御注孝经》,台北:鼎文书局,1972年,页九上。此事亦载之《史记》。见司马迁:《史记》卷二十八,台北:泰顺书局,1971年,页一三五七;又,班固:《汉书》卷二十五下,台北:鼎文书局,1987年,页一二六四——二六五。
3 班固:《汉书》卷二十五下,页一二六四。
4 孙希旦:《礼记集解》卷三十二,页八六六;卷三十四,页九〇二。
5 郑玄:《宋本礼记郑注》卷十,来青阁影印宋余仁仲万卷堂刊本,台北:鼎文书局,1972年,页八上。

大微五帝之精以生",又道"宗祀文王于明堂,以配上帝",即"泛配五帝"(感生帝)。[1] 这说明了郊天、祀帝均允以先祖行配位之实。

汉代郊祭屡屡以高祖配位,即为上述礼制的实践。[2] 总之,无论郊祭或社稷均源自上古,以司马迁(约公元前145年—约公元前89年)在《史记·封禅书》的用语简述之,则是"郊社所从来尚矣"[3]。汉代以来,这些祀典成为官方所奉行的祭礼,所以"配位"之典亦成惯例。

除"配飨"之外,"从祀"礼制在汉朝亦见行事。例如:最初,元鼎四年(公元前113年),汉武帝因亲郊,而发现后土无祀,始立后土祠于汾阴。[4] 平帝年间,王莽建议:天地合祭,先祖配天,先妣配坠。又有合祭、分祭之仪,孟春,天子亲合祀天坠于南郊,以高帝、高后配;冬至,使有司奉祠南郊,高帝配;夏至,使有司奉祭北郊,高后配。[5] 东汉光武帝建武中元二年(57年),立北郊于洛阳城北,祀地祇、位南面西上、高皇后配、位西面北上,皆在"坛上";地理群神从食,皆在"坛下",如元始故事。[6] 光武祀地祇,同时涉及配飨与从食,最富启示。复由"坛上""坛下"之分,可知"配飨"之位必定尊于"从食"(从祀);后世孔庙"配飨"诸儒位居殿堂,而"从祀"之儒则只能忝列两庑,其渊源即在于此。

综上所述,形式上,孔庙从祀制皆有现成礼制可资借鉴。根据《左传》所载,孔子卒于鲁哀公十六年(公元前

---

1 郑玄:《宋本礼记郑注》卷十,页一下、页八上。
2 班固:《汉书》卷二十五下,页一二六四—一二六六。
3 司马迁:《史记》卷二十八,页一三五七。班固在《汉书·郊祀志》亦以同样的用辞状之,班固云:"郊祀社稷,所从来尚矣。"颜师古谓:"起于上古。"见班固:《汉书》卷二十五上,页一一九一。
4 司马迁:《史记》卷二十八,页一三八九。
5 班固:《汉书》卷二十五下,页一二六五—一二六六。
6 范晔:《后汉书》志第八,页三一八〇—三一八一。

479年）。[1] 孔庙必定立于孔子身后，惟其时应仅是家庙、祠堂的性质。西汉年间，孔庙逐步转化成官庙。于此之后，文献方出现有关孔庙从祀的记录：东汉永平十五年（72年），明帝过鲁，幸孔子宅，祀仲尼及七十二弟子。这是首开弟子从祀于师的先例。[2] 其时七十二弟子应属附祭关系。

弟子配飨孔子，则至迟在东汉末叶已见行事，这从时人祢衡（173—198年）的《颜子颂》可得佐证。[3] 迄三国魏齐王芳（232—274年）之时，尤屡见朝廷使太常以太牢祭孔子于辟雍，且以颜渊配之。[4] 这显示颜渊配飨已成祭孔祀典的常规。

总之，孔庙从祀制由东汉以下，渐次发展成形。这代表孔庙于官庙化之后，在礼制上又有一大跃进。然而于此之前，其他祭礼实施"配飨"与"从祀"由来已久。对孔庙本身而言，"配飨"与"从祀"事实上皆属于日后追加的礼制。

此外，虽然孔庙从祀制于东汉明帝祀孔子并及七十二弟子，已启其端，但包涵"从祀"与"配飨"成套的附祭制度，则须俟唐玄宗开元年间，方见完整的运作。

东汉明帝以降，孔庙附祭制度陆续发展，间有从祀（七十二弟子）、或颜子配飨，层次不一。整体而言，均朝向从祀建制的完成迈进；唯一例外，即唐初之逆流。唐高祖武德七年（624年），孔子一度沦为配飨周公，此与孔

---

[1] 洪亮吉：《春秋左传诂》卷二十，北京：中华书局，1987年，页八八二—八八三。
[2] 范晔：《后汉书》卷二，页一一八。明儒丘濬则误系后世祀孔子弟子始于安帝延光三年（124年）。参较丘濬：《大学衍义补》（《景印文渊阁四库全书》第七一二—七一三册），卷六十五，页七 a。
[3] 祢衡：《颜子颂》，高明编：《两汉三国文汇》，台北：中华丛书编审委员会，1960年，页二二五〇。
[4] 陈寿：《三国志》卷四，台北：鼎文书局，1983年，页一一九—一二一。魏齐王正始年间，每讲经遍，辄使太常释奠于辟雍，以太牢祀孔子，以颜渊配。

庙从祀制大相径庭。然而太宗贞观二年（628年），旋停祭周公，升孔子为先圣，以颜回配飨。[1] 但孔子先圣之位，并非从此屹立不摇：唐高宗永徽年间，复以周公为先圣，黜孔子为先师，颜回、左丘明以降皆从祀。[2] 太宗贞观二十一年（647年），诏左丘明等二十二人与颜回并为先师，俱配尼父于太学。[3] 准此，永徽年间，孔子降为先师，即配飨周公之意。

是故，唐高宗显庆二年（657年），由太尉长孙无忌（594—659年）、礼部尚书许敬宗（592—672年）等领衔上疏，祈求"改令（永徽）从诏（贞观）"的奏词，便针对永徽令有关从祀制规定不合情理之处大加挞伐。他们言道：

圣则非周即孔，师则偏善一经。……所以贞观之制，正夫子为先圣，加众儒为先师。而今新令，辄事刊改……仲尼生衰周之末，拯文丧之弊，祖述尧舜，宪章文武，弘圣教于六经，阐儒风于千载，故孟轲称生灵以来，一人而已。自汉以降，奕叶继侯，崇奉其圣，迄于今日，胡可降兹上哲，俯入先师？且又丘明之徒，则行其学，贬为从祀，亦无故事。今请改令从诏，于义为允。[4]

以长孙氏之意，孔子"俯入先师"与丘明之徒"贬为从祀"，通是永徽令不合传统之举。此一"倒行逆施"的礼制，终因长孙氏等之言，获得改正。于是周公仍依礼配

---

1 欧阳修、宋祁：《新唐书》卷十五，页三七三。
2 同上书，页三七四。
3 王溥：《唐会要》卷三十五，京都：中文出版社，1978年，页六三六。
4 《旧唐书》《通典》均以礼部尚书许敬宗领名，《新唐书》《唐会要》则以太尉长孙无忌领名。参见刘昫：《旧唐书》卷二十四，台北：鼎文书局，1976年，页九一八；《通典》卷五十三，页一四八一；《新唐书》卷十五，页三七四；《唐会要》卷三十五，页六三六。又，此段引文采《通典》版文字。

飨周武王，孔子复为先圣。从此，以孔子、周公分属"道统""治统"，泾渭分明；而以孔子为中心的从祀制乃固若磐石，永为定制。

除此之外，就儒学内容而言，更饶意义的是，从祀制的实践与儒学主流思想交互错杂的关系。这便进入拙文的主题——孔庙从祀制如何呈现儒家道统意识，而这只能从剖析历代从祀的变动着手，才能显现其中的脉动。

三、唐代的从祀制：传经之儒与七十二弟子

唐初，孔庙从祀制随着孔子声势的高下，起伏不定。终于在贞观二十一年（647年），孔子首次恢复先圣地位后的第十九年，孔庙从祀制有了突破性的发展。该年二月，太宗诏以左丘明、卜子夏、公羊高、谷梁赤、伏胜、高堂生、戴圣、毛苌、孔安国、刘向、郑众、杜子春、马融、卢植、郑玄、服虔、何休、王肃、王弼、杜预、范宁、贾逵等二十二人并为先师。其所持理由是"代用其书，垂于国胄，自今有事于太学"，遂命配飨宣尼庙堂。[1] 此次配飨完全以颜回之例为准则，所以实际上的配飨尚包括颜子在内；这从显庆二年（657年），长孙等氏再次奏言恢复孔子先圣之位的追溯之词，亦可确认。[2] 但其理据则迥然有异。

要之，颜回在孔门独特的地位，素来未被置疑。颜回德行高超，居门人之首；且孔子屡称其好学，非他人可及。颜回死时，孔子哭之恸，至有"天丧予？天丧予？"之叹，足见其受孔子钟爱的程度。[3]

是故，在众多弟子之中，颜回首先脱颖而出陪祀孔

---

[1] 王溥：《唐会要》卷三十五，页六三六。唯"贞观二十一年"误植为"三十一年"。
[2] 同上书，页六三六。
[3] 语出《论语·先进》。参见朱熹：《论语集注》（氏著：《四书章句集注》，北京：中华书局，1983年），卷六《先进第十一》，页一二五。

子，实属意料中事。至迟在东汉祢衡的《颜子颂》已有"亚圣德"之赞，更重要的又录有"配圣馈，图辟雍"之辞，可见该时颜回已图画辟雍，配飨孔圣。[1] 惟始配飨之时间，则有待考论之处。明代孔贞丛（1609年前后在世）的《阙里志》言："汉高帝十二年，东巡狩过鲁，以太牢祀孔子，以颜子配飨，历代因之。"[2] 汉高祖过鲁，以太牢祀孔子，查《史记》确有其事，惟"以颜子配飨"则无史料可据，恐系无稽之谈。[3]

其次，清儒庞钟璐（？—1876年）在《文庙祀典考》中言："汉永平十五年（72年）祀七十二弟子，颜子位第一。魏晋祀孔子，均以颜子配。"[4] 庞氏之语有实测、有虚拟。实处是："魏晋祀孔子，均以颜子配。"贞观二年（628年），太宗罢祀周公，升孔子为先圣，以颜回配，即缘国子博士朱子奢（？—641年）之建言。朱氏之奏辞适可印证上述之语，朱氏说：

> 庠序置奠，本缘夫子。故晋、宋、梁、陈及隋大业故事，皆以孔子为先圣，颜回为先师，历代所行，古人通允。[5]

反之，庞氏谓"祀七十二弟子，颜子位第一"，或仅就颜子在孔门突出的形象，所预铸的虚拟之辞，因此尚待实证，遑论"配飨"与"从祀"在礼制位阶截然有异。

可是，过犹不及，前人论颜回始配飨孔子之事，亦曾有嫌迟之论。颜子配孔，明儒丘濬（1421—1495年）便

---

1 祢衡：《颜子颂》，《两汉三国文汇》，页二二五〇。
2 孔贞丛：《阙里志》卷三，明万历三十七年刊本，页四上。
3 参较司马迁：《史记》卷九十七，页二六九二。
4 庞钟璐：《文庙祀典考》卷首，台北礼乐学会据光绪四年刊本影印，1977年，页四六上。
5 王溥：《唐会要》卷三十五，页六三五—六三六。

断为魏王芳正始七年（246年），清儒秦蕙田（1702—1764年）则裁为正始二年（241年）。[1] 两相互较，秦氏虽较丘氏精谨，惟尚囿于正史之限。前述东汉祢衡《颜子颂》一文若可采信，则颜子配飨之情必不晚于祢氏之世（祢衡逝于公元198年）。而后，颜子配孔则成为既定模式。晋元康初年（291年），潘尼（约250—约311年）的《释奠颂》即对颜子配孔有栩栩如绘的描述，他清楚地道出："夫子位于西序，颜回侍于北墉。"[2] 迄北齐之时，孔庙甚以"孔颜庙"合称之，足见颜子在祀孔礼制中突出的地位。[3]

颜回在孔门弟子之中，其重要性固早受肯定，其他弟子则不止无此殊荣，且立祀的过程甚为曲折。例如郦道元（约466—527年）的《水经注》已载，魏黄初二年（221年），文帝令郡国修起孔子旧庙，庙中有"夫子像，列二弟子执卷立侍，穆穆有询仰之容"[4]。郦氏虽未曾指明此二弟子为何人，但若揆诸日后北魏洛阳城内的国子学，同样设有孔丘像，并有"颜渊问仁、子路问政在侧"[5]；以此逆推，黄初二年孔庙中的"二弟子"或应是颜渊与子路。

然而，颜回与子路之地位甚为不同。洛阳国子学中的颜子早已领受历代配飨殊荣，旁侍孔像可谓名正言顺，反观子路则徒具塑像，在礼仪上仍落得"妾身未名"。其实，子路正式入祀孔庙（720年）远远落后颜渊逾五百年，声势悬殊，可见一斑，其他弟子尤可想而知。此外，唐初首次大规模立孔庙从祀制，竟与绝大多数孔门及门弟子无

---

[1] 丘濬：《大学衍义补》卷六十五，页七上；秦蕙田：《五礼通考》（《景印文渊阁四库全书》第一三二一—一四二册），卷一百一十七，页一六上—一六下。
[2] 房玄龄等：《晋书》卷五十五，台北：鼎文书局，1987年，页一五一〇。
[3] 魏征等：《隋书》卷九，台北：鼎文书局，1980年，页一八一。
[4] 郦道元注，杨守敬、熊会贞疏：《水经注疏》卷二十五，南京：江苏古籍出版社，1989年，页二一一〇。
[5] 杨衒之撰，范祥雍校注：《洛阳伽蓝记校注》卷一，台北：华正书局，1980年，页一。其故事见《论语》之《颜渊》与《子路》两篇。

缘，殊可留意。

唐贞观二十一年（647年），太宗下诏以左丘明等二十二贤配飨孔庙，而及门弟子除颜回与子夏之外，全不在考虑之列。此举令后儒议论纷纷。然而，这却清楚地反映了当时学术的风向；援明儒丘濬之见释之，则是："诸儒从祀孔子，皆其有功于圣人之经。"[1] 以此度之，则卜子夏、毛苌缘有功于《诗》；左丘明、谷梁赤、公羊高有功于《春秋》；伏胜（约公元前260—约公元前161年）、孔安国有功于《尚书》；高堂生、戴圣有功于《礼》；王弼（226—249年）有功于《易》；刘向（公元前77—公元前6年）、郑众（？—公元83年）、杜子春、马融（79—166年）、卢植（？—192年）、郑玄（127—200年）、服虔、王肃（195—256年）、贾逵（30—101年）则通有功于诸经；何休（129—182年）、杜预（222—285年）、范宁（约339—约401年）则又有功于《三传》，方得配飨孔庙。观此，子夏立名孔廷纯系传《诗》之故，非关其孔门弟子的地位。

细绎上述配飨诸儒之贡献，戴圣以上九人，功在"存经"；王辅嗣（即王弼）以下十三人，则功在"传经"。二者略有差异，惟其有功于圣人之经则毫无二致。而其得以配飨孔廷，全因贞观礼臣"依《礼记》之明文，酌康成之奥说"，据此方得"正孔子为先圣，加众儒为先师"[2]。是故，《礼记》与郑玄的注解有略加检讨的必要，以便了解贞观之制的论据。

《礼记·文王世子》说：

---

[1] 丘氏之见，转引自李之藻：《頖宫礼乐疏》（《景印文渊阁四库全书》第六五一册），卷二，页三上。
[2] 王溥：《唐会要》卷三十五，页六三六。

> 凡始立学者，必释奠于先圣。[1]

郑玄注"先圣"为"周公若孔子"[2]，意谓：周公或孔子。贞观礼臣据此以恢复孔子先圣的名位。《礼记·文王世子》又说：

> 凡学，春官释奠于其先师，秋冬亦如之。[3]

郑玄释"先师"：若汉，《礼》有高堂生，《乐》有制氏，《诗》有毛公，《书》有伏生，可以为师者。[4] 显然，郑氏受所处时代学术氛围的影响，以"偏善一经"的经师解"先师"之义。同样地，贞观礼臣正是受此一价值标准的启示，以当时普受肯定的经学宗师，代表儒学的至高成就，配飨孔庙。

值得注意的是，前此，孔颖达（574—648年）等奉诏撰定《五经正义》[5]，包括《易》主王弼、《书》主孔安国、《春秋左氏》主杜预、《毛诗》与《礼记》则皆主郑玄。[6] 书成，下诏付国子监施行。[7] 而后，贞观从祀二十二贤即将《五经正义》的注疏名家囊括无遗，可谓是极迅捷的同步反应；而其从祀褒优之诏措辞"代用其书，垂于国胄（国子学胄子）"，或许着意于此。得此之助，往后贞观二十

---

1 孙希旦：《礼记集解》卷二十，页五六〇。
2 郑玄：《宋本礼记郑注》卷六，页一五上。
3 孙希旦：《礼记集解》卷二十，页五五九。
4 郑玄：《宋本礼记郑注》卷六，页一五上。
5 按，《五经正义》撰成于贞观十二年（638年），即付国子监施行。因后续有修正，于高宗永徽四年（653年）方颁布天下。见王溥：《唐会要》卷七十七，页一四〇五。
6 马端临撰，华东师范大学古籍研究所标校：《文献通考·经籍考》，上海：华东师范大学出版社，1985年，卷二，页四八；卷四，页一一〇；卷六，页一五四；卷八，页二〇二；卷九，页二二三四—二二三五。又，皮锡瑞：《经学历史》，台北：鸣宇出版社，1980年，页一九七。
7 刘昫：《旧唐书》卷七十三，页二六〇二—二六〇三。

二贤更加发挥规范朝廷官学的作用了。[1]

可是，美中不足的，贞观从祀不意间却独独遗漏了孔门大多数与经学传承无关的弟子，此事引致后人疵议。开元八年（720年），国子司业李元瓘（720年前后在世）为此奏称：

> 京国子监庙堂，先圣孔宣父，配坐先师颜子。……又四科弟子闵子骞等，并伏膺儒术，亲承圣教，虽复列像庙堂，不参享祀。谨按祠令：何休等二十二贤，犹沾从祀。岂有升堂入室之子，独不沾配享之余？望请春秋释奠，列享在二十二贤之上。七十子者，则文翁之壁，尚不阙如，岂有国庠，遂无图绘？请令有司，图形于壁，兼为立赞。[2]

结果诏下："颜回等十哲，宜为坐像，悉令从祀。曾参大孝，德冠同列，特为塑像，坐于十哲之次。因图画七十弟子及二十二贤于庙壁上。"[3]

开元八年的诏令之中，曾参特受褒遇，前此已有征兆。曾参大孝，历代多有称述。[4] 而其所著《孝经》[5]，尤为人君所看重。自"汉制使天下诵《孝经》，选吏举孝廉"[6]，《孝经》的政治行情一路攀高，魏晋南北朝迭有人

---

1 李林甫等撰，陈仲夫点校：《唐六典》卷二十一，北京：中华书局，1992年，页五五八。其间记载，凡释奠之日，则集诸生执经论议。凡教授之经，以《周易》等各为一经，《孝经》《论语》《老子》学者兼习之。诸教授正业：《周易》，郑玄、王弼注；《尚书》，孔安国、郑玄注；《三礼》《毛诗》，郑玄注；《左传》，服虔、杜预注；《公羊》，何休注；《谷梁》，范宁注；《论语》，郑玄、何晏；《孝经》《老子》，并开元御注。旧令：《孝经》，孔安国、郑玄注。每岁终，考其学官训导功业之多少；而为之殿最。
2 王溥：《唐会要》卷三十五，页六三九。
3 同上。
4 曾参考行，参见庞钟璐：《文庙祀典考》卷八，页五下—九上。
5 曾子作《孝经》，见司马迁：《史记》卷六十七，页二二〇五。关于《孝经》作者的问题，可参见蔡汝堃：《孝经通考》（人人文库第281册，台北：台湾商务印书馆，1970年），第二篇。
6 范晔：《后汉书》卷六十二，页二〇一五。

君亲加注释,以广行天下。[1] 统治者推崇《孝经》的底蕴,唐玄宗在《御注孝经》里的引言恰好表露无遗,他对"明王之以孝理天下之说"大表赞同。[2] 换言之,《孝经》鼓吹"孝始于事亲,中于事君,终于立身"的政治意涵,人主从未轻轻放过。[3]

贞观十四年(640年),唐太宗观释奠于国子学,即特诏孔颖达讲《孝经》,并加注疏。[4] 可见唐初以来,《孝经》的地位便居高不下。而传统上曾参被目为《孝经》一书的作者,连带使得曾氏地位亦水涨船高。终于在唐高宗总章元年(668年),皇太子于释奠国学之时,上表祈求褒赠颜回之外,另有曾参。依朝廷回复,颜回可赠"太子少师"、曾参可赠"太子少保",并配飨孔庙。[5]

总章元年孔庙从祀更动,最醒目之处,便是曾参取代了子路在魏晋南北朝旁侍的地位。昔时"颜渊问仁、子路问政",恰是侧侍孔夫子惯用的配对。可是,此番皇太子鉴于身份之制,加上渠成曾参配飨之态势,于其上表亦只能措辞"想仁、孝于颜、曾"[6],而不敢奢言"习问政于子路"了。唐睿宗太极元年(712年),朝廷更擢封颜子"太子太师"、曾子"太子太保",咸预配飨。[7] 可见开元八年,曾参特受褒遇,不止其来有故,并且预伏日后晋升"四配"的契机。

---

[1] 朱彝尊:《经义考》卷二百二十三,京都:中文出版社,1978年,页一上—八上。
[2] 唐玄宗:《御注孝经·序》,页一上—一下。
[3] 同上书,页三下。另参考周予同:《孝经新论》,朱维铮编:《周予同经学史论著选集》,上海:上海人民出版社,1983年,第477—491页。
[4] 欧阳修、宋祁:《新唐书》卷十五,页三七三。
[5] 潘相:《曲阜县志》卷二十二,清乾隆三十九年刊本,页七下—八上。曾参于总章元年已配飨孔庙,关于此点丘濬反为是,秦蕙田为误。比较丘氏:《大学衍义补》卷六十五,页一〇b;秦氏:《五礼通考》卷一百一十七,页三四上。
[6] 潘相:《曲阜县志》卷二十二,页七下。
[7] 同上书,页一二上。

此外，开元八年（720年）诏书中所谓"十哲"[1]，即指孔门"四科"之俊秀，包括"德行"：颜渊、闵子骞、冉伯牛、仲弓；"言语"：宰我、子贡；"政事"：冉有、季路；"文学"：子游、子夏。[2] 这批学生是孔子生前最感得意的及门弟子，因此朝廷特有褒誉。

但是"十哲"之受重视，并非始于唐代。首先，图画"七十二弟子"在汉末似已流行，例如：东汉光和元年（178年），灵帝置"鸿都门学"，即画孔子及七十二弟子像。[3] 又东汉兴平元年（194年），高朕复修的"周公礼殿"，梁上亦曾画仲尼及七十二弟子。[4] 但"十哲"之目之单独呈现，则俟南北朝时，方见文献陆续登载。至迟在东晋太元十年（385年），国子学西边的"夫子堂"，即画有夫子及十弟子像。[5]

地方上，南齐永明十年（492年），成都刺史刘悛（约438—约499年）复修的"玉堂礼殿"，其上亦画有"四科十哲像"[6]。甚至阙里孔庙本身，据东魏兴和三年（541年），兖州刺史李珽的《修孔子庙碑》，亦有"既缮孔像，复立十贤"的记述。[7] 此处所提的"十贤"，核其碑文即知意指"四科"，因此孔门"十哲"受到看重，由来已久。然而图画或立像究竟仍与"预享"颇有差距。李元瓘的奏词便道出，开元八年以前，颜子除外的其他九名四

---

[1] 开元八年采国子司业李元瓘之奏，方有十哲预飨。日人仁井田升将"十哲"系于开元七年祠令之中，显然有误。参较仁井田升著：《唐令拾遗》，栗劲等编译，长春：长春出版社据东京大学出版会1983年复刻版翻译，1989年，页一〇二。
[2] 语出《论语·先进》。参见朱熹：《论语集注》卷六《先进第十一》，页一二三。
[3] 范晔：《后汉书》卷六十下，页一九九八。
[4] 贺遂亮：《益州学馆庙堂记》，残文见陆增祥编：《八琼室金石补正》（收入《石刻史料新编》第一辑第六—八册，据1924年吴兴刘氏希古楼刊本影印，台北：新文丰出版公司，1977年），卷三十五，页上一—二。
[5] 许嵩：《建康实录》卷九，北京：中华书局，1986年，页二七七。
[6] 黄休复：《益州名画录》（收入于安澜编：《画史丛书》第四册，上海：上海人民美术出版社，1982年），卷二，页三九。
[7] 孔元措：《孔氏祖庭广记》（《丛书集成初编》第三三一六册），卷十，页一一八。

科弟子已列像庙堂,却不参享祀。循此,开元八年下诏图画七十弟子,并不代表所有孔门及门弟子均得预享;这项工作有待开元二十七年(739年)颁布另一道《学令》方告完成。

史书记载人君祀孔子弟子,首见《后汉书·明帝本纪》:永平十五年(72年),明帝过鲁,幸孔子宅,祠仲尼及七十二弟子。亲御讲堂,命皇太子、诸王说经。[1] 此为后世祀孔子弟子之始。此距汉初高祖以太牢祀孔子(公元前195年),已近三百年。

明帝祀孔子,兼及七十二弟子,成为后世帝王之惯例。而后,章帝于元和二年(85年)、安帝于延光三年(124年),幸阙里,除祀孔子,亦及七十二弟子。[2] 本来孔子有教无类,桃李遍天下,司马迁于《史记·孔子世家》形容"孔子以诗书礼乐教,弟子盖三千焉,身通六艺者七十有二人"[3],定非过甚其辞。惟"弟子三千之数"似非确切之数,所谓"三千"盖欲形容众多之况[4],如《礼记·中庸》所颂"礼仪三百,威仪三千"[5]。尤其孔门登堂入室者"七十二"人,更是具有特殊涵义的习用数目,而非实数。[6] 以世儒据以考订孔子从祀弟子的三部典籍而论,人数、人名皆去取不一。依司马贞《史记索隐》,《史记·仲尼弟子列传》所录公伯僚、秦冉、鄡单,《家语》不载,而别有琴牢、陈亢、县亶当此三人数。如《文翁图》所记,又有林放、蘧伯玉、申枨、申堂,俱是后人以所见增

1　范晔:《后汉书》卷二,页一一八。
2　同上书,卷三,页一五〇;卷五,页二三八。
3　司马迁:《史记》卷四十七,页1938。
4　参较汪中:《述学》(《四部丛刊初编》影印无锡孙氏藏本),"内篇"《释三九》,页二下。汪氏谓:"故知三者虚数也……推之十百千万固亦如此。故学古者通其语言,则不胶其文字矣。"
5　郑玄:《宋本礼记郑注》卷十六,页一一上。
6　"七十二"的象征意义请参阅闻一多:《闻一多全集》,北京:生活·读书·新知三联书店,1982年,第207—220页。可惜他没有用《孔子家语》《七十二弟子解》,实数人数为"七十六"或"七十七"最能证成"七十二弟子"之"七十二"为虚数。

益，于今殆不可考。[1]《文翁孔庙图》作七十二人，但诚如清儒朱彝尊（1629—1709年）所言"文翁石室象在显晦之间"，司马贞所见《文翁孔庙图》可能相当晚起。西汉文翁石室早毁于火，当时有无壁画、或后世所见壁画与原图一致否？[2] 其时代性颇值存疑。《孔子家语》"七十二弟子解"实际弟子数目却是"七十七"或"七十六"[3]。《史记·仲尼弟子列传》则引述孔子之言，谓"受业身通者七十有七人"[4]，而与《史记·孔子世家》所载数目"七十二"不符。

考诸更早之文献，记载孔子言行最直接的著作——《论语》，其弟子姓名著录者虽仅止二十七人[5]，但其他先秦典籍所载则远过此数。例如：《孟子·公孙丑上》云"七十子之服孔子"[6]，《韩非子·五蠹》亦言"为（仲尼）服役者七十人"[7]，《吕氏春秋·遇合》谓"达徒七十

---

1 见《史记》卷六十七，页二○一二二。明儒瞿九思另有较详细的比对，见《孔庙礼乐考》（明万历三十五年史学迁刊本），卷二《七十子同异考》，页六a—b。朱彝尊于搜寻孔子弟子，其姓名考，采取较宽广的标准，凡姓或名相异则视为另人。他认为，《家语》有而《史记》无者：琴牢、薛邦（司马贞认为同"郑国"，盖《史记》避汉祖讳，而"郑"与"薛"，字误也。见《史记》卷六十七，页二二二四）、申续、陈亢、县亶。《史记》有而《家语》无者：公伯僚、郑国、申棠、鄡单、秦冉、颜何。《文翁礼殿图》则又有廉瑀、林放，为二书所无。见朱彝尊：《曝书亭集》卷五十六，台北：世界书局，1964年，页六六四。
2 朱彝尊：《曝书亭集》卷五十六，页六五一。东汉末年，高联在旧址重修周公礼殿，并在壁上"图画上古盘古李老等神，及历代帝王之像，梁上又画仲尼七十二弟子、三皇以来名臣"。而后屡毁屡画，据北宋黄休复所言："今已重妆别画，无旧踪矣。"贺遂亮：《益州学馆庙堂记》之残余碑文，收入陆增祥：《八琼室金石补正》卷三十五，页一上—五下；黄休复：《益州名画录》卷下，页三九。宋以前之著录则见王应麟：《玉海》（《景印文渊阁四库全书》第九四三—九四八册），卷五十七，页七下—八下；宋以后之著录见施蛰存之讨论，施氏：《水经注碑录》卷十，天津：天津古籍出版社，1987年，页三九三—三九四。
3 今本《孔子家语》止弟子七十六人。按司马贞《史记索隐》谓《孔子家语》亦有七十七人。考《史记》载有颜何，字丹；《史记索隐》注云：《家语》字称。查今存《孔子家语》少颜何，故仅七十六人。较陈士珂辑：《孔子家语疏证》，台北：台湾商务印书馆，1976年，第233页。
4 司马迁：《史记》卷六十七，页二一八五。
5 崔述：《洙泗考信余录》（收入顾颉刚编订：《崔东壁遗书》，上海：上海古籍出版社，1983年），卷三，页四○三。
6 参见朱熹：《孟子集注》（收在《四书章句集注》），卷三《公孙丑章句上》，页二三五。
7 陈奇猷校注：《韩非子集释》卷十九，台北：河洛图书出版社，1974年，页一○五一。

人"[1]，其数目之为"七十"，盖举其成数而言。是故，"七十二""七十六""七十七"均无不可。然而染有五行色彩的"七十二"之数，在后世往往由"象征数目"跃为"规范实数"，譬如北宋曾一度厘订孔子弟子从祀名额为"七十二"实数。[2] 是故朱彝尊的批评，确非无的放矢。他说：

> （世儒）议配祀之典，先横七十之目于心胸，虑溢七十二人之外。于是论者纷纭，以臆断为进退。[3]

此外，《文翁孔庙图》《史记·仲尼弟子列传》《孔子家语》于孔子弟子人名、数目皆互有歧异，加剧孔子弟子从祀类目的不稳定，使历代及门弟子的从祀员额与人名均有变动。

例如：开元二十七年（739年）颁布孔子及门弟子从祀人数为"七十七"，并致赠爵位，如封子渊兖公，封子骞等九人侯，封曾参以降六十七人伯，核其人名纯系遵循《史记·仲尼弟子列传》所云。[4]《大唐开元礼》所列从祀及门弟子则达八十一人，细析其成分则显系以《史记·仲尼弟子列传》为底本，而酌取《孔子家语》所载的琴牢、陈亢，以及《文翁孔庙图》的蘧伯玉、林放、申枨。[5]

---

1 吕不韦撰，陈奇猷校释：《吕氏春秋校释》卷十四，台北：华正书局，1985年，页八一五。
2 脱脱等：《宋史》卷一〇五，台北：鼎文书局，1978年，页二五五〇。
3 朱彝尊：《曝书亭集》卷五十六，页六五一。
4 欧阳修、宋祁：《新唐书》卷十五，台北：鼎文书局，1979年，页三七五—三七六。开元二十七年并致赠七十七弟子爵位。完成于开元二十六年（738年）的《唐六典》亦同。李林甫等：《唐六典》，页一二二；并见王溥：《唐会要》卷三十五，页六三八。陈仲夫于《唐六典》校本序，谓是书成于开元二十七年，显有误。《新唐书·艺文志》明谓书成上于开元二十六年，见《新唐书》卷五十八，页一四七七。另外，唐人刘肃的《大唐新语》所言亦同。见刘肃撰，许德楠、李鼎霞点校：《大唐新语》卷十一，北京：中华书局，1984年，页一三六。是故《唐六典》方未及登载开元二十七年从祀弟子封爵之事。
5 《大唐开元礼》所列孔子及门弟子当中，并未录入《史记·仲尼弟子列传》的秦冉。

由于《大唐开元礼》颁布于开元二十年（732年）[1]，书中所列从祀弟子必然早于此一时期，因此与开元二十七年（739年）所颁从祀封爵弟子有所违异。[2] 稍后，完成于贞元九年（793年）的《大唐郊祀录》，书中所录庙堂四壁孔门从祀弟子，取舍又与上述略有出入。[3] 居间差异，时人王泾（793—819前后在世）的评语或可代解。王氏说：

> 从祀弟子左丘明等二十二人，是贞观二十一年诏令配食于宣父堂；其余弟子等（孔子门人），开元中定礼续加，至今以为恒式也。[4]

可见开元年间以来，孔门从祀弟子屡有更动，导致异时文献互有出入，而开元八年与开元二十七年之间，均非执一不迁。

开元二十七年，《学令》除了肯定从祀弟子之外，最重要的便是赐与从祀儒生爵号，使得从祀位阶更形分明；例如：孔子追赠为"文宣王"，南面而坐，"十哲"等东西列侍。[5] 门人之中，颜子既云"亚圣"，特优其秩，赠"兖

---

1. 《大唐开元礼》于开元二十年九月颁所司行用。见刘昫：《旧唐书》卷二十一，页八一八—八一九。
2. 萧嵩等奉敕撰，池田温解题：《大唐开元礼》卷一，东京：古典研究会、汲古书院发行，1972年，页一〇下—一一上。文渊阁《大唐开元礼》则误将颜幸、颜何、申党抄成"颜辛党。"参较《大唐开元礼》（《景印文渊阁四库全书》第六四六册），卷一，页一二上。《通典》所系从祀及门弟子八十二人，与《大唐开元礼》几乎相同，只多了秦冉（字子开）一人，但误将此列于开元二十七年。参较杜佑：《通典》卷五十三，页一四八二—一四八三。
3. 开元八年，国子司业李元瓘上言，称先圣孔宣父庙，先师颜子配座。请以十哲弟子为坐像，从祀其七十弟子。请准旧都监堂，图形于壁上，兼为立赞。诏可其议。王泾的《大唐郊祀录》录有壁上及门弟子名，共六十七人，另加上颜渊等十一人，及门弟子总计七十八人，略少于《大唐开元礼》八十一人，但仍包括《孔子家语》的琴牢、陈亢与《文翁孔庙图》的蘧伯玉与申枨。王泾：《大唐郊祀录》（《指海丛书》影印清道光钱熙祚校刊本，台北：艺文印书馆，1966年），卷十，页一〇b—一一b。
4. 王泾：《大唐郊祀录》卷十，页一一b。
5. 王谠撰，周勋初校证：《唐语林校证》卷六，北京：中华书局，1987年，页四五七。

国公"。其余"九哲"则受赠为"侯",曾参以下六十七位门人则受赠为"伯";阶级森然,尊卑立判。[1]

唐人皮日休(约834—约902年)颇能洞悉此番爵封背后之历史渊源。他道出:

> 孔子之封赏,自汉至隋,其爵不过乎公侯,至于吾唐,乃策王号。七十子之爵命,自汉至隋,或卿大夫,至于吾唐,乃封公侯。曾参之孝道,动天地,感鬼神。自汉至隋,不过乎诸子,至于吾唐,乃旌入十哲。[2]

是故,他有如是的赞叹:

> 仲尼之道,否于周、秦,而昏于汉、魏,息于晋、宋,而郁于陈、隋。遇于吾唐,万世之愤,一朝而释。倘死者可作,其志可知也。[3]

统而言之,唐代从祀制的特色有二:第一,它反映了时代学风,创立"传经之儒"的附祭类目;第二,它引进了,或更确切地说,恢复了历史上"七十二弟子"陪祭的名位。历史上,这两大类目于人选与名额虽屡有变迁,然而对后日孔庙从祀制的开展,均树立起不可动摇的典范。

四、宋元从祀制:"四配"的确立与新学、道学的交锋

晚唐之时,藩镇割据、外族入侵,中州锋火弥漫;五代十国,诸姓政权旋起旋落,干戈不断,百制陵夷。逢此

---

[1] 王溥:《唐会要》卷三十五,页六三七—六三八;欧阳修、宋祁:《新唐书》卷十五,页三七五—一三七六。
[2] 皮日休:《请韩文公配飨太学书》,《皮子文薮》卷九,上海:上海古籍出版社,1981年,页八八。
[3] 同上。

之际，斯文赓续艰难。

唐开元末，孔庙升为中祀，设有从祀之礼，令摄三公行事。五代朱梁丧乱，交互征战，从祀遂废。[1] 以阙里本庙而言，兖州处四战之地，阙里随之湮沦。广顺二年（952年），后周太祖征兖州，城破，谒拜夫子庙及孔墓，并下令修葺孔子祠宇。孔家后裔称是时"二百年间，绝东封之礼；洙泗之上，无鸾和之音"[2]，意欲赞美太祖之举，却又透露出先前阙里的凄凉情状。阙里本庙若此，地方分庙的情况臆而可知。

惟祀典上，后唐明宗长兴元年（930年），恢复开元五年（717年）贡举人谒先圣先师开讲之礼。[3] 至长兴三年（932年），循国子博士蔡同文之请，始复孔庙从祀礼。[4] 蔡氏感于"丧乱以来，废祭四壁英贤"，故启此陈情。他奏道：

> 伏见每年春秋二仲月上丁，释奠于文宣王。以兖国公颜子配坐、以闵子骞等为十哲，排祭奠，其有七十二贤图形于四壁，面前皆无酒脯。自今后乞准本朝旧规。[5]

自蔡氏恳请之后，朝廷允以释奠，从祀诸贤宜准《郊祀录》，各陈脯醢诸物以祭。至是，从祀乃复行于世。

孔庙之复祀，与祭孔的政教象征意义密不可分。虽值五代丧乱，然而不乏创业之君深谙儒教的政治涵蕴。辽开

---

[1] 脱脱等：《宋史》卷一〇五，页二五四七。
[2] 孔传：《东家杂记》（《景印文渊阁四库全书》第四四六册），卷上，页一五上。
[3] 王溥：《五代会要》（《丛书集成初编》第八二九—八三二册），卷八，页九五。开元五年之敕，见宋敏求编：《唐大诏令集》卷一〇五，上海：学林出版社，1992年，页四九二。
[4] 《五代会要》与《文献通考》皆载为"长兴三年"，唯《宋史》记为"长兴二年"，可能有误。参校王溥：《五代会要》卷八，页九五；马端临：《文献通考》（《十通》第七种，影印光绪年间浙江刊本，台北：台湾商务印书馆，1987年），卷四十三《学校考四》，页考四〇九一一；脱脱等：《宋史》卷一〇五，页二五四七。
[5] 王溥：《五代会要》卷八，页九五。

国之君——耶律阿保机（872—926年），自忖为受命之君，理当事天敬神；随采太子之议，立孔子庙，尊孔子大圣。[1] 后周太祖——郭威（904—954年），车驾亲征兖州，初平，立幸曲阜，谒孔子祠。既奠，将致拜，左右劝言："仲尼，人臣也，无致拜。"帝答曰："文宣王，百代帝王师也，得无敬乎！"遂拜奠祠前，并修缮祠宇。[2] 可见华夷之君对尊孔的重要性所见略同。五代之际，除君王敬拜之事外，亦有市井小吏以修复夫子庙为己志，不惜散用家财、羞愧高官的事例。[3] 正由于这种崇敬圣人之情仍然遍存朝野，使得孔庙虽历经衰世，尚可维系于不坠之地。

五代之末，文教渐修。后周显德二年（955年），别营国子监，置学舍。宋代因之增修，北宋建隆元年（960年）并塑先圣、亚圣、十哲像，画七十二贤及先儒二十一人像于东西庑木壁，宋太祖并亲撰《孔子赞》《颜子赞》[4]；尔后宋真宗又命文臣分撰"十哲"以下余赞。[5] 至此，孔庙从祀制方算恢复完整的运作。

大中祥符元年（1008年），宋真宗加谥孔子为"玄圣文宣王"，旋因国讳改谥为"至圣文宣王"。次年，诏追封"十哲"为公，七十二弟子为侯，先儒为伯或赠官，意以爵位叙次尊卑高下。[6] 此番晋爵封官较之唐开元二十七年，异处有二：除颜渊依然封"公"，"十哲"亦晋升为"公"，孔门弟子曾参等晋爵为"侯"；先儒左丘明等二十一人则

---

1 脱脱等：《辽史》卷七十二，页一二〇九。原文为："义宗，名倍。……神册元年春，立为皇太子。时太祖问侍臣曰：'受命之君，当事天敬神。有大功德者，朕欲祀之，何先？'倍曰：'孔子大圣，万世所尊，宜先。'太祖大悦，即建孔子庙，诏皇太子春秋释奠。"
2 薛居正等：《旧五代史》卷一百一十二，台北：鼎文书局，1980年，页一四八二。
3 同上书，卷一百二十六，页一六六五。据《五代史补》，冯道镇同州，有酒务史乞以家财修夫子庙。终使冯氏生愧，因出俸重创之。
4 脱脱等：《宋史》卷一〇五，页二五四七。"赞辞"见潘相：《曲阜县志》卷二十四，页一上。
5 潘相：《曲阜县志》卷二十四，页一一上—一五下，时为真宗大中祥符二年（1009年）。
6 脱脱等：《宋史》卷一〇五，页二五四八。

追封为"伯",其中王肃、杜预生前已封"侯",故各赠"司空""司徒"之官。此次孔庙追封不仅提升授爵层次,而且扩充及全部从祀诸儒,不再受孔门及门弟子之限。

可是宋代从祀制最具特色之处,并不在于以上所言,而是在于"四配"的形塑与新学、道学之交替。"四配"意指颜子、孟子、曾子、子思配飨孔圣。此四人配飨孔庙因缘不一,历史迥异。其中,颜子配飨最早,地位稳固。曾子于唐初一度配食孔廷,开元八年中辍,坐于"十哲"之次。此事前文已有所论述。因此,宋初孔庙配飨仅止颜子一位。

宋神宗熙宁七年(1074年),判国子监常秩(1019—1077年)等请立孟轲、扬雄像于庙廷[1],此显为孟子配食孔廷铺路。接着,元丰六年(1083年),从吏部尚书曾孝宽(1025—1090年)之请,封孟子为邹国公,更是孟子入祀孔庙的先声。果然,神宗元丰七年(1084年),从晋州州学教授陆长愈(1084—1086年前后在世)之请,诏以孟轲配食文宣王。本来陆氏之议,朝廷犹有异议者,谓孔庙配飨、从祀皆孔子同时之人,今以孟轲并配(颜回已配),非为得当。但礼官援唐贞观之例,以汉伏胜、高堂生,晋杜预、范宁之徒与颜子俱配飨,至宋仍然从祀,足见入祀孔庙未必同时。此议为朝廷采纳,故诏下孟子配飨;又荀况、扬雄、韩愈皆因"发明先圣之道,有益学者,久未配食",同诏命三者并封爵,以世次先后从祀于二十一贤之间。[2] 而元丰从祀所反映的时代精神,可由时人曾巩(1019—1083年)与友人的书信中得知。曾

---

[1] 脱脱等:《宋史》卷一〇五,页二五四八。
[2] 同上书,卷十六,页三一一一—三一二;卷一〇五,页二五四八—二五四九。明儒李之藻则误系元丰元年五月壬戌封孟轲邹国公,并塑像同颜回配飨。二事皆有讹误。参较李之藻:《頖宫礼乐疏》卷二,页九上。按,此议为林希所出,希时为礼部郎中。见李焘:《续资治通鉴长编》卷三百四十五,北京:中华书局,1990年,页八二九一。

氏曰：

> 仲尼既没，析辨诡词，骊驾塞路，观圣人之道者，宜莫如于孟、荀、扬、韩四君子之书也。舍是醨矣！[1]

吁请孟轲、扬雄从祀孔庙之论，熙宁七年（1074年）虽有先例；然而早在晚唐，韩愈（768—824年）的追随者——皮日休已先声夺人，为韩氏入祀孔庙请命。他推崇韩氏之文"蹴杨、墨于不毛之地，蹂释、老于无人之境"，故得孔道之正。[2] 可惜此一论调于佛、老思想弥漫的氛围，并无法引起朝廷的共鸣，韩愈入祀孔庙一事，自然无有下文。虽说如此，皮氏始开为时儒疏请入祀孔庙的先例，致使后世之儒时常唯恐落人之后，立意搜寻本朝大儒从祀孔廷，以示教化之迹、增辉圣德。

虽说后人正式向朝廷疏请入祀孔庙，孟子固晚于韩愈；然而在地方上，孟子侧身孔庙的记录却为时甚早。韩愈所撰的《处州孔子庙碑》至少已透露出孟轲、荀况、韩婴、董仲舒、扬雄诸儒，原不在从祀之列，却随从祀之儒，图之壁上。[3] 宋初，柳开为润州孔庙所撰的碑文，亦道出宋太宗太平兴国八年（983年），润州所重修的文庙已立有孟子塑像一事。[4] 就此点而言，中央孔庙位于京畿重地，仪典森然、管规严格，似难变通；反之，地方孔庙因地制宜，显得较为灵活，不止瞬时反映时代思潮之情态，且能预示孔庙变动的趋势。仁宗景祐四年（1037

---

[1] 曾巩：《上欧阳学士第一书》，陈杏珍、晁继周点校：《曾巩集》，北京：中华书局，1984年，页二三一。
[2] 皮日休：《皮子文薮》卷九，页八八。
[3] 韩愈撰，马其昶校注：《韩昌黎文集校注》卷七，台北：华正书局，1975年，页二八四。
[4] 柳开撰，张景编：《河东先生集》（《四部丛刊初编》影印涵芬楼藏旧抄本），卷四，页二上。

年),孔圣后裔知兖州,于邹县特为孟子建孟庙,并以其徒公孙丑、万章配飨。[1] 此举无异肯定"有功于圣门者,无先于孟子",孟子得到孔氏贵人提携,在祭典礼仪的地位上确实跃进了一大步。

所以细绎元丰七年扬雄、韩愈得以从祀孔庙,意理上咸因孟子之故。孟子以效法孔子为己志,周游列国,俾求行道,惜不得用,以著述终身。其所处之世,处士横议,杨、墨肆行,故恒致辩。诚如孟子自道:

> 我亦欲正人心,息邪说,距诐行,放淫辞,以承三圣者(意指禹、周公、孔子);岂好辩哉?予不得已也。[2]

他坚信杨、墨之道不息,孔子之道不著;是故"能言距杨、墨者",方不愧为"圣人之徒"[3]。西汉扬雄(前53—18年)、中唐韩愈正是以上承孟子自许,适时发扬了上述理念,而以力辟异端为志业。扬氏即以今之孟子自况,他说:

> 古者,杨墨塞路。孟子辞而辟之,廓如也。后之塞路者有矣,窃自比于孟子。[4]

韩愈除"推尊孟氏,以为功不在禹下",亦曾发出如同扬雄的议论。他道:

> 释老之害过于杨墨,韩愈之贤不及孟子。孟子不能救

---

[1] 孙复:《孙明复小集》(《景印文渊阁四库全书》第一〇九〇册),页三三 a—三四 b。按,"景祐无丁酉年",焦循将"丁丑"笔误作"丁酉"。参较焦循撰,沈文倬点校:《孟子正义》卷一,北京:中华书局,1987年,页六。
[2] 语出《孟子·滕文公下》。参见朱熹:《孟子集注》卷六《滕文公章句下》,页二七三。
[3] 同上。
[4] 扬雄撰,韩敬注:《法言注》卷二,北京:中华书局,1992年,页四五。

之于未亡之前，而韩愈乃欲全之于已坏之后。呜呼！其亦不量其力，且见其身之危，莫之救以死也。虽然使其道由愈而粗传，虽灭死，万万无恨。[1]

就是这种辨正异端、虽千万人吾往矣的精神，使得孟轲、扬雄、韩愈三人虽生处异代，却能声气相通，荣登一室。

其实，孔廷从祀，本儒者大事；而孟轲虽阐孔教于晚周，然赵宋之前，文庙竟未见孟轲踪影，较之其他从祀诸儒，声光显为隐晦。《孟子》一书，西汉孝文帝虽曾设置博士，武帝旋辍置。[2] 而后私家著作固不乏征引者，惟无复享有官学地位。[3]

唐中叶之后，渐有人看重《孟子》一书。肃宗宝应二年（763年），礼部侍郎杨绾（？—777年）谓孟氏"亦儒门之达者"，请孝廉一科兼习《论语》《孝经》，并及《孟子》。[4] 德宗建中元年（780年），濠州刺史张镒（？—783年）撰《孟子音义》，上之。[5] 迄韩愈遂推尊孟子为道统之继承者，于《原道》一文至称："（斯道）孔子传之孟轲，轲之死，不得其传。"[6] 在他文中，韩氏更申述此意如下：

自孔子没，群弟子莫不有书，独孟轲氏之传得其宗。……故学者必慎其所道，道于杨墨老庄佛之学，而欲之圣人之道，犹航断港绝潢以望至于海也。故求观圣人之

---

1 韩愈：《韩昌黎文集校注》卷三《与孟尚书书》，页一二六。
2 赵岐：《孟子题辞》，见焦循：《孟子正义》卷一，页一六。
3 同上书，页一九。
4 王溥：《唐会要》卷七十六，页一三九六。
5 同上书，卷三十六，页六五九。
6 韩愈：《韩昌黎文集校注》卷一《原道》，页一〇。

道，必自孟子始。[1]

韩氏之追随者——皮日休承其意，因之疏请立《孟子》为学科。[2]

由于韩愈对孟学的提撕与厘清，使得韩愈变成孟子的代言人或化身。皮氏称道："孟子千世之后，独有一昌黎先生。"[3] 又谓："苟轩裳之士，世世有昌黎先生，则吾以为孟子矣。"[4] 足见韩愈与孟子的关系已至如影随形的地步，密不可分。综而言之，北宋儒学之振兴，基本上是循着韩愈所开辟的两条路径前进：一是清理门户，树立道统；二是坚壁清野，敌我分明，借此达到净化以及复振儒学的崇高目标。这种内外兼顾、齐头并进的理路，韩愈《原道》一文提示得十分清楚。韩氏辩道：

斯吾所谓道也，非向所谓老与佛之道也。尧以是传之舜，舜以是传之禹，禹以是传之汤，汤以是传之文、武、周公，文、武、周公传之孔子，孔子传之孟轲，轲之死，不得其传焉。[5]

韩愈的这段论述，成为宋儒理解"道统"的系谱，并且由于他着意突出孟子承先启后的重要性，以致宋儒不分流派、纷纷以继承孟子为志业。例如北宋理学的开宗大师程颢（1032—1085年）自谓："孟子没而圣学不传，以兴起斯文为己任。"[6] 其弟程颐（1033—1107年）序其墓

---

[1] 韩愈：《韩昌黎文集校注》卷四《送王埙秀才序》，页一五三。
[2] 皮日休：《皮子文薮》卷九，页八九。
[3] 同上书，卷三，页二二。
[4] 同上。
[5] 韩愈：《韩昌黎文集校注》卷一《原道》，页一〇。
[6] 程颐：《明道先生行状》，《河南程氏文集》（收入《二程集》，台北：里仁书局，1982年），卷十一，页六三八。

表,亦以此许之,程颐言道:

> 孟轲死,圣人之学不传。……先生(程颢)生千四百年之后,得不传之学于遗经,志将以斯道觉斯民。[1]

论及与道统之关系,程颐又说:

> 先生出,倡圣学以示人,辨异端,辟邪说,开历古之沈迷,圣人之道得先生而后明,为功大矣。[2]

如是的道统观与孟子不断放大的意象,再三出现于后儒的著述,最后积淀成"既成的事实"了。南宋,朱熹为其道友——张栻(1133—1180年)所拟的祭文,亦反映上述的特征。朱氏曰:

> 呜呼!自孔孟之云远,圣学绝而莫继。得周翁与程子,道乃抗而不坠。然微言之辍响,今未及乎百岁,士各私其所闻,已不胜其乖异。嗟!惟我之与兄吻志同而心契。[3]

朱熹所谓"继往圣之绝学"的道统观,适又为其自身之写照。朱门高弟——黄榦称述其师"自孔孟以降,千五百年间,读书者众矣,未有穷理若此其精者也"[4];又说"由孔子而后,曾子、子思继其微,至孟子而始着。由孟子而后,周、程、张子继其绝,至先生而始着"[5]。这些叙

---

[1] 程颐:《明道先生墓表》,《河南程氏文集》卷十一,页六四〇。
[2] 同上。
[3] 朱熹:《晦庵先生朱文公文集》(《四部备要·子部》据明胡氏刻本校刊,台北:中华书局,1965年),卷八十七《又祭张敬夫殿撰文》,页九下。
[4] 黄榦:《朱子行状》,《朱子年谱》卷下,页二三六。
[5] 同上书,页二三五。

述显然具有韩愈道统观的特色，意即道统的承继可以是非连续性的，甚至间隔千年之久，而孟子恰位居道统承先启后的中枢地位。毋怪朱熹的论敌——陆九渊（1139—1193年）亦以承继道统为己任，谓己学"因读《孟子》而自得之"[1]，且夸言孟子之后，虽伊洛诸公，得千载不传之学，但草创未为光明，极以个人得孟学之传自负。[2]

上述为宋代孟学崛起的背景。其中，韩退之最为关键，是北宋孟学兴复的催化剂。宋初的儒者实透过韩愈著作的导引，以重新认领孟子，且赋予孟子在儒学发展中不可或缺的枢纽地位。正由于此，使得韩愈成为孟子荣登孔廷的原动力。为了解此一曲折的真相，有必要略加回顾宋初韩愈之形象。

宋初，引介韩氏最着力者莫过乎柳开（约948—1001年）。柳氏生于晋末，长于宋初。他的门人——张景称述他的功绩是："拯五代之横流，扶百世之大教，续韩（愈）、孟（轲）而助周、孔。"[3] 柳氏亦自命继承韩氏之志业，故尝自名"肩愈"。他明白宣示："吾之道，孔子、孟轲、扬雄、韩愈之道。"[4] 他在《昌黎集后序》甚而称誉韩文"淳然一归于夫子（孔子）之旨，而言之过于孟子与扬子云远矣！"[5] 总结而言，"韩愈排释老"与"孟轲拒杨墨"是宋初儒学流行的基调，其意义竟可拟诸"汤武之征伐""周公之制礼乐""孔子之作经典"[6]。孟、韩二氏受后儒之推崇，显然非比寻常。

影响宋初学术、教育甚巨的"三先生"（胡瑗、孙复、

---

1 陆九渊：《陆九渊集》卷三十五，台北：里仁书局，1981年，页四七一。
2 同上书，页四三六。
3 张景：《序》，《河东先生集》，页一下。
4 柳开：《河东先生集》卷一，页一一下。
5 同上书，卷十一，页三下。
6 张景：《序》，《河东先生集》，页一上。

石介），亦无一不对孟子推崇备至。[1] 从现存的文献考查，至少孙氏、石氏都是透过韩愈以承受孟子的。孙复（992—1057年）言：异端之学蜂起，仁义不作，即是"儒辱"。是故，若无孟子辟杨、墨，扬雄拒申、韩，韩愈排佛、老，则"天下之人胥而为夷狄"[2]。所以他将韩愈的道统观予以推衍，甚而涵盖了韩愈自身。孙氏言道：

> 吾之所为道者，尧、舜、禹、汤、文、武、周公、孔子之道也，孟轲、荀卿、扬雄、王通、韩愈之道也。[3]

孙氏更谓勤学斯道三十年。他又称赞韩愈阐述孟子之功，言深且尽。[4] 孙复的学生——石介（1005—1045年）在《读原道》一文中，谓孟子"去孔子且未远，能言王道，不为艰"，而韩愈"去孔子后千五百年间，历杨、墨、韩、庄、老、佛之患"，大道破散消亡，荒唐放诞之说，恣行于天地间，然而韩愈此时能言之，委实为难。[5] 所以石介认为："孔子后，道屡塞，辟于孟子，而大明于吏部（韩愈）。"[6] 韩愈在宋初拥有开宗式的地位，可以由石介《尊韩》一文窥得消息。

石氏一方面称许"孟轲氏、扬雄氏、王通氏、韩愈氏，祖述孔子而师尊之，其智足以为贤"；另一方面，石氏却斥责今儒"柳仲涂（开）、孙汉公、张晦之、贾公疎，

---

1 胡瑗在太学，令其徒说《孟子》；另徒徐积著有《荀子辩》。见黄宗羲撰，全祖望补订，陈金生、梁运华点校：《宋元学案》卷一，北京：中华书局，1986年，页二八、页三二—三七。
2 孙复：《孙明复小集》《儒辱》，页三八 a。
3 同上书，《信道堂记》，页三五 a。
4 同上书，《兖州邹县建孟庙记》，页三三 b、页三四 b。
5 石介著，陈植锷点校：《徂徕石先生文集》卷七《读原道》，北京：中华书局，1984年，页七八。
6 同上书，卷七《尊韩》，页七九。

祖述吏部而师尊之，其智实降"[1]，以凸显韩愈在时人心目中至高无上的地位。乍看之下，上引两段话前后若有矛盾。其实，石氏是采取了里外包抄的策略，用以烘托出韩氏身为道统代言者的角色。否则以下峰回路转之语，就无以得解了。石氏叹道：

道始于伏羲氏，而成终于孔子。……噫！伏羲氏、神农氏、黄帝氏、少昊氏、颛顼氏、高辛氏、唐尧氏、虞舜氏、禹、汤氏、文、武、周公、孔子者十有四圣人，孔子为圣人之至。噫！孟轲氏、荀况氏、扬雄氏、王通氏、韩愈氏五贤人，吏部为贤人而卓。不知更几千万亿年复有孔子，不知更几千百数年复有吏部。[2]

石氏用心良苦，于此尽见。

从以上的剖析，知悉宋初因"尊韩"，所以"尊孟"，这从孔庙祀典的运作，复可充分佐证。

元丰七年（1084年），朝廷以孟子配飨孔子，并以荀况、扬雄、韩愈三氏从祀孔庙。本来韩愈在其著名的《原道》之中，曾评荀况与扬雄之学为"择焉而不精，语焉而不详"[3]，似有贬抑二氏之意，究其实则不然。上述之语，旨在与孟轲之学互较，并不能孤立而观，更何况援之为论定之辞？韩愈另于《读荀》一文，对孟、扬、荀三氏之学有较完整的论述。韩氏坦承：始读孟氏书，方知孔子之道可尊；从而肯定孟氏传道之功。日后复读扬雄之书，益尊信孟氏。及得荀氏之书，"考其辞，时若不粹；要其归，与孔子异者鲜"。因此韩氏论道："孟氏醇乎醇者也，荀与

---

1 石介著，陈植锷点校：《徂徕石先生文集》卷七《尊韩》，页七九。
2 同上。
3 韩愈：《韩昌黎文集校注》卷一，页一〇。

扬大醇而小疵。"[1]且评定荀氏之贡献,位在孟轲、扬雄之间,犹不失为圣人之徒。以此对照元丰七年孔庙从祀之举,并无扞格。

韩愈对元丰七年孔庙从祀的深远影响,复可以从负面的约制作用得到旁证。韩氏的追随者,不管是唐末的皮日休,或宋初的柳开、孙复、石介等,无一不对隋唐之际的大儒——王通(584—617年)大加赞扬。皮日休就曾说道:孟子、荀卿翼传孔道,以至于文中子(王通);文中之道,旷百祀而得室授,方及昌黎文公。[2]在隋唐之际佛释肆行时,王通力挽斯道的用心,柳开深表同感。[3]孙、石师徒至誉王通为"五贤人"之一,许为斯道正统。孔子四十五代孙——孔道辅(约985—1039年),且已在圣祖家庙中,构五贤堂,像而祀之。[4]可见王通在当时的声誉,定然不低。然而元丰七年的孔庙从祀名单里,"五贤"之中却唯独遗漏了王通,此事颇为费解。究其故,极可能是因为韩愈终身未尝只字言及王通所致。[5]此一缺失,暂时解消了王通入祀孔庙的机会。一直要到将近五百年后,王氏才得入祀孔廷(1530年),令人为之惋惜不已。

从思想上看,韩愈与元丰七年孔庙从祀的关系,已如上述;至于实践上,则必须涉及背后促成此事的推动者——王安石(1021—1086年)。依《宋史·礼志》记载,元丰七年孔庙从祀是起因于陆长愈的奏议,但清儒蔡元凤(1761年进士)却说:"是请,固非陆氏一人之私

---

1 韩愈:《韩昌黎文集校注》卷一,页二一。
2 皮日休:《皮子文薮》卷九,页八八。
3 柳开:《河东先生集》卷六,页五上。
4 见孔道辅:《五贤堂记》,收入孔贞丛:《阙里志》卷十二,页四三上—四四上。其事见孙复:《孙明复小集·上孔给事书》,页二九a—三〇b;石介:《徂徕石先生文集》卷七,页七九。孙、石师徒的"五贤人"是指:孟子、荀况、扬雄、王通、韩愈。
5 笔者曾翻阅韩氏文集数遍,始终未见王氏名字,不免讶异。后得见他人著作已查觉这一现象,愈发肯定文中的假说。参见尹协理、魏明:《王通论》,北京:中国社会科学出版社,1984年,第254页。

言。"[1] 朱熹亦曾说："孟子配享，乃荆公（王安石）请之。"[2] 衡度当时情度，不无可能。

早在神宗熙宁四年（1071年），王安石正如火如荼地推行新法时，其中一项有关贡举的新制，便是以《孟子》为"兼经"以试士，使得《孟子》晋列经书，为天下士子所诵读。[3] 熙宁七年（1074年）请立孟子像的常秩、元丰六年（1083年）奏封孟子为邹国公的曾孝宽与元丰七年（1084年）廷议孟子配飨的林希（约1034—约1101年），个个与王安石有着盘根错节的政治渊源。职是之故，元丰七年王安石虽已谢政退隐，但当时政权犹操之新党手里，王氏影响力断不容忽视。[4] 若要了解王安石为何有此举动，则必须略述王氏心目中的孟子。

王安石之所以鼓吹孟子不遗余力，与他一生景仰孟子有关。王氏《淮南杂说》初出，世人立谓"其言与孟轲相上下"[5]。早年的王氏，也和是时许多人一样曾经韩愈的洗礼，并受到极大的感发。在回溯这个摸索的阶段时，他不讳言"年少已感韩子诗，东西南北俱欲往"的冲动[6]，甚至以"孟、韩之心为心"与友朋互勉。[7] 但成学之后，王安石仰慕孟子之心，显然远逾于韩氏。在奉答欧阳修（1007—1072年）的诗作中，他把此一心态和盘托说。他写道：

---

[1] 蔡元凤：《王荆公年谱考略》卷二十三，台北：洪氏出版社，1975年，页三一四。又，蔡元凤另名蔡上翔。
[2] 朱熹撰，黎靖德编，王星贤点校：《朱子语类》卷九十，北京：中华书局，1986年，页二二九四。
[3] 李焘：《续资治通鉴长编》卷二百二十，页五三三四。
[4] 常秩、曾孝宽、林希事宜，各见脱脱等：《宋史》卷三百二十九，页一〇五九五—一〇五九六；卷三百一十二，页一〇二三四；卷三百四十三，页一〇九一三—一〇九一四。参较近藤正则：《王安石における孟子尊崇の特色》，《日本中国学会报》第36集（1984年），第135页。近藤氏曾揣测：王安石对元丰七年孟子配飨可能有所影响，惜证明仍欠周详。
[5] 晁公武：《郡斋读书志》卷四下，台北：台湾商务印书馆，1978年，页四五八。
[6] 王安石：《临川先生文集》卷七，台北：华正书局，1975年，页一三八。
[7] 同上书，卷八十四，页八八五。

欲传道义心犹在，
强学文章力已穷。
他日若能窥孟子，
终身何敢望韩公。[1]

要之，欧阳修在当时已具有学术祭酒之地位，士人不止尊之为一代宗师[2]，并且誉为"今之韩愈"[3]。而王氏却不以韩愈自限，益见其自负之情。

此外，在另首题为《秋怀》的诗中，王氏言道：

韩公既去岂能追，
孟子有来还不拒。[4]

这不啻是王安石对于孟、韩二氏心理调适的自我告白。在一首悼念《韩子》的诗中，他对韩愈的志业竟以"力去陈言夸末俗，可怜无补费精神"[5]讥之，显见韩子在他心目中，已远不如孟子。而日后在诡谲的政治生涯中，孟轲反成为他精神的支柱，致有"何妨举世嫌迂阔，故有斯人慰寂寥"之句。王氏所谓的"斯人"，即指孟子。[6]

在当时的思想界，尊孟固然是主流的思潮，但由于王安石本身对孟学特殊的感受，其着重点自有不同。基本上，王氏是个儒释调和论者，因此韩愈以下所标榜孟学辟异端的色彩，在王氏则见舒缓。王氏所发挥的孟学精神，

---

1 王安石：《临川先生文集》卷二十二《奉酬永叔见赠》，页二六四。王氏此诗向有多解，参见蔡元凤：《王荆公年谱考略》卷五，页八三一—八六。
2 曾巩在给欧阳修的信中，就言道："韩退之没，观圣人之道者，固在执事之门矣。天下学士，有志于圣人者，莫不攘袂引领，愿受指教。"曾巩：《曾巩集》，页二三二。
3 苏轼撰，孔凡礼点校：《苏轼文集》卷十，北京：中华书局，1992年，页三一六。
4 王安石：《临川先生文集》卷十二《秋怀》，页一八一。
5 同上书，卷三十四《韩子》，页三七二。后一句一本作"默默谁令识道真"。
6 同上书，卷三十二《孟子》，页三五五。

毋宁较偏重"仁政"与"大有为"的政治承担。[1]

从事后的结果看来，王安石与他人的歧见，并无妨于孟子进入孔庙殿堂的事实。唯一的差异是，在王安石之前，孙复、石介诸人均对孟氏、韩氏一视同仁，尊之为"贤人"[2]，其中并无高低之分。但王安石却将孟轲提升至"圣人"，且特意阐明圣贤之别。他说：

孟轲，圣人也。贤人则其行不皆合于圣人，特其智足以知圣人而已。[3]

循此线索，元丰七年孔庙祀典只有孟子独获配飨，而其余诸子仅充从祀，适可得解。而王安石左右孔庙祀典的痕迹，便至为显然了。

所以，孟子配飨孔庙，除了学术因素外，政治因素亦不可忽略。尤其王安石的主要政敌——司马光（1019—1086年）是坚决反孟的。司马氏所崇奉的儒者是扬雄，以为尤在孟、荀之上。[4] 他的《疑孟》之作，明显寓有弦外之音，即以刺孟行抨击王氏之实。[5] 他与王氏政治上势

---

[1] 参见蒋义斌：《宋代儒释调和论及排佛论之演进：王安石之融通儒释及程朱学派之排佛反王》第二章，台北：台湾商务印书馆，1988年；又近藤正则前引书。
[2] 王安石：《临川先生文集》卷七十二，页七六四。王氏对"成德"阶段有清楚的位阶，他有如是的分别："昔人论人者，或谓之仁人，或谓之善人，或谓之士。"
[3] 同上书，《答龚深父书》，页七六五。
[4] 司马光曾道："孔子既没，知圣人之道者，非子云而谁？孟与荀殆不足拟，况其余乎？"见司马光：《温国文正公文集》（《四部丛刊初编》影印常熟瞿氏铁琴铜剑楼藏宋绍熙三年刊本），卷六十八，页五上。
[5] 司马光有《疑孟》之作。司马光：《温国文正公文集》卷七十三，页九上—一四上。《四库全书总目提要》云："宋尊孟子始王安石。元祐诸人务与作难，故司马光疑孟、晁说之诋孟作焉。非攻孟子，攻安石也。"纪昀等奉敕撰：《钦定四库全书总目提要》（《景印文渊阁四库全书》第一一五册），卷三十五，页一三上。"宋尊孟子始王安石"显然有误。但后半语，则无所疑。元人白珽亦有斯语，见白珽：《湛渊静语》（知不足斋丛书），卷二，页一四上—一四下。谓："当时，王安石假孟子大有为之说，欲人主师尊之，变乱法度。是以温公致疑于孟子，以为安石之言未可尽信也。"真的，宋初，早si司马光的冯休即有《删孟》之作，或李覯《常语》等，但尊孟运动实大势所趋，此类反对声浪充其数只是回旋之流，并无法改变时代的思潮。邵博的《邵氏闻见后录》录有多家反孟的观点。见邵博撰，刘德权、李剑雄点校：《邵氏闻见后录》卷十一—卷十三，北京：中华书局，1983年。

如水火，人所周知。熙宁七年（1074年）四月，王安石罢相，司马光的纠劾甚为关键。[1] 难怪同年十二月，国子监常秩请立孟轲像时未能成功。[2] 但随着新党势力的坐大，尊孟声浪究竟掩盖了司马光的反孟杂音。尤其王安石身后，更挟其残余的政治势力，将王氏推上孔庙殿堂。这自然是司马光所始料未及的。

宋神宗、王安石君臣相得，亘古罕有。学术上，王安石得以侧身孔庙的凭借，便是应诏所修的《三经新义》，这包括了《诗》《书》《周礼》三部经典的训释工作；加上日后王氏自己编纂的《字说》，两书均成为科考士子的必读著作。[3] 神宗要求修撰经义的目的，在他催促王安石尽早完成经义之作的诏辞中，即所有交待。神宗说：

> 经术，今人人乖异，何以一道德？卿有所著，可以颁行，令学者定于一。[4]

朝廷欲以学术匡正天下的意图，相当明确。而此一措施，亦复迎合了试子"（举人）对策，多欲朝廷早修经义，使义理归一"[5] 的需求。王氏撰著得科考助力，声势上自然凌驾其他学派。

神宗去世，哲宗初继位，元祐年间，旧党掌权。哲宗元祐三年（1088年），鄞州州学教授周穜（1076年进士）上书乞王安石配飨神宗，据云"中外喧传，颇骇群听"，周氏为此罢归吏部治罪。[6] 绍圣年间，哲宗亲政，元

---

1 李焘：《续资治通鉴长编》卷二百五十二，页六一六○—六一六八。
2 同上书，卷二百五十八，页六三○四—六三○五。
3 侯外庐等：《中国思想通史》第四卷上，北京：人民出版社，1959年，第434—448页；程元敏：《〈三经新义〉与〈字说〉科场显微录》，收入《屈万里先生七秩荣庆论文集》，台北：联经出版事业公司，1978年，第249—285页。
4 李焘：《续资治通鉴长编》卷二百二十九，页五五七○。
5 同上书，卷二百四十三，页五九一七。
6 同上书，卷四百一十八，页一○一三八。

祐党人罢去，新党复执政。绍圣元年（1094年），时风易势，王安石旋获配飨神宗庙庭。徽宗崇宁三年（1104年），且诏以王安石配飨孔庙，位邹国公孟子之次。[1] 南宋黄震形容当时的孔庙位次说：

> 熙丰《新经》盛行，以王安石为圣人，殁而跻之配享，位颜子下；故左则颜子及安石，右则孟子。[2]

黄氏谓其时以王氏为圣人，并非过甚其词。当崇宁四年（1105年），王安石配飨孔庙之赞语即是"优入圣域，百世之师"[3] 一语。这一句赞语借用了孟子"圣人，百世之师也"的典故。[4] 政和三年（1113年），徽宗复诏封王安石"舒王"配飨，子王雱（1044—1076年）"临川伯"从祀（缘预修撰《三经新义》）。父子同登孔廷，千古荣耀，于此重现。[5] 而王氏本人甚至逾越孟子配位，与颜子相对。后来安石的女婿蔡卞（1048—1117年）当国，据云曾"再欲升安石厌颜子，渐次而升，为代先圣张本"[6]，但因大为时论所非而作罢。

蔡卞究竟有无此居心？逝者已矣，苦无对证。惟细考其时孔庙典章，确有启人疑窦之处。要之，孔庙爵位本为标示尊卑高下而设。而安石至封"舒王"，不止凌驾颜、孟之上（二者咸封"公"），且与至圣相称。又，王安石

---

[1] 马端临：《文献通考》卷四十四《学校考五》，页考四一五一一。
[2] 黄震：《黄氏日抄》（《景印文渊阁四库全书》第七〇七—七〇八册），卷三十二，页二七上；郑居中等奉敕撰：《政和五礼新仪》（《景印文渊阁四库全书》第六四七册），卷一百二十一，页二下。
[3] 杨仲良：《资治通鉴长编纪事本末》（《宋史资料萃编》第二辑，台北：文海出版社，1967年），卷一百三十，页三上。崇宁四年，国子监乞依邹国公例，诏学士院为王安石撰赞辞颁降。
[4] 语出《孟子·尽心下》。参见朱熹：《孟子集注》卷十四《尽心章句下》，页三六七。
[5] 脱脱等：《宋史》卷一〇五，页二五五一，孔门的弟子，曾点、曾参父子，颜路、颜回父子均从祀孔庙，视为殊荣。
[6] 岳珂：《桯史》（《笔记小说大观》第三八编第三册，台北：新兴书局，1985年），卷十一，页四下—五上。

生前,子王雱为其作画像赞已有:

> 列圣垂教,参差不齐,集厥大成,光于仲尼。[1]

可见王雱认为其父过于孔子,王氏之子肆无忌惮若此,其婿未必相差太远。

其实,王氏父子从祀,实是孔庙从祀史中一大异数,以政治象征居多。若以"水"喻政治,则"水能载舟,亦能覆舟"。随着北宋败亡、新党溃散,世人即以王安石为代罪羔羊,欲其负起误国之罪,故声讨之声不绝于耳。而欲去王氏孔庙之祀的声浪亦随之崛起,其中最著名的,莫若杨时(1053—1135年)的弹章。宋钦宗靖康元年(1126年),金兵长驱直下,国势岌岌可危。杨时上奏道:

> 蔡京用事二十余年,蠹国害民,几危宗社,人所切齿,而论其罪者,曾莫知其所本也。盖京以继述神宗皇帝为名,实挟王安石以图身利,故推尊安石,加以王爵,配飨孔子庙庭。……今日之祸者,实安石有以启之也。[2]

他建议朝廷"追夺(安石)王爵,明诏中外,毁去配飨之像,使淫辞不为学者之惑"[3]。杨时疏上(五月三日)不久,钦宗遂降王氏依郑玄等例,从祀孔子庙庭。[4]

王安石降归从祀之列(1126年),比拟经师郑玄,此不啻谓朝廷不再专主王氏之学。稍前(同年四月二十三

---

[1] 邵博:《邵氏闻见后录》卷二十,页一五八,王雱死,安石以诗哭之曰:"一日凤鸟去,千年梁木摧。"是以其子拟孔子。父子相圣,毫无忌惮。
[2] 杨时:《杨龟山先生全集》(清光绪九年延平知府张国正重刊本,台北:台湾学生书局,1974年),卷一《上钦宗皇帝·其七》,页二一a—b。
[3] 同上书,页二二b。
[4] 佚名:《靖康要录》(《笔记小说大观》第一九编第四一五册,台北:新兴书局,1977年),卷六,页九上。

日），昔日享有"造道之指南""穷经之要术"美誉的《字说》已因臣僚批斗"新政"而遭禁止。[1] 当时《三经新义》虽未全遭禁绝，但已不能再专擅场屋了。[2]

随着赵宋政权南迁，王安石的地位亦节节败退。南宋淳熙四年（1177年），孝宗诏罢临川伯王雱从祀。最后，终于在淳祐元年（1241年），理宗以王安石"天命不足畏，祖宗不足法，人言不足恤"，为万世罪人，废祀孔庙。[3] 从此，王氏父子由孔庙除名，新学亦随之烟消云散。

淳祐元年（1241年）正代表儒家学术的分水岭。从此，"新学"彻底地式微，起而代之的是沉抑已久的"伊洛之学"，也就是世人习称的"道学"[4]。"伊洛之学"受到抑制有远、近原因。"远因"是自北宋以来，受制于代表官学的"新学"；"近因"则是朱熹及其门人，受到"伪学"的指控，以及政治上"庆元党禁"的迫害。[5] 终于在淳祐元年（1241年），伊洛学派不止澄清名誉，并且荣登孔廷。理宗所下的从祀诏如此言道：

> 朕惟孔子之道，自孟轲后不得其传，至我朝周敦颐、张载、程颢、程颐，真见实践，深探圣域，千载绝学，始有指归。中兴以来，又得朱熹精思明辨，表里混融，使《大学》、《论》、《孟》、《中庸》之书，本末洞彻，孔子之

---

1 佚名：《靖康要录》卷三，页二三上—二四上。另，钦宗靖康元年禁用《字说》，见《宋史》卷二十三，页四二七。
2 其时，御史中丞陈过庭就上奏道："自蔡京擅权，专尚王氏之学，凡苏氏之学，悉以为邪说而禁之。近罢此禁，通用苏氏之学，各取所长而去所短也。"同上书，卷六，页一二上。
3 脱脱等：《宋史》卷四十二，页八二二。
4 "道学"原指"黄老之学"，见魏征等：《隋书》卷二十九，页一〇〇三。至少在北宋初年已用来指称"儒学"，例如柳开：《河东先生集》卷一，页六下。南宋时期，"道学"首先用来讥讽以朱熹为代表的"伊洛之学"。后来，却变成"正统儒学"的代称。例如《宋史》的《道学传》。
5 参见李心传：《建炎以来朝野杂记》（《丛书集成初编》第八三六—八四一册），甲集，卷六，页七九—八一；冯琦、沈越原编，陈邦瞻纂辑，张溥论正《宋史纪事本末》（台北：鼎文书局，1978年），卷八十《道学崇黜》，页八六七—八九六；又，黄宗羲：《宋元学案》卷九十七《庆元党案》，页三一九七—三二三四。

道，益以大明于世。[1]

依此，理宗下令学官将一批理学大师列诸从祀，以示崇奖之意。理宗亦缘首黜安石从祀，升濂、洛诸儒，表彰朱熹《四书》，丕变士习，后人上庙号曰"理"[2]。从此，不论官、私，理学步上了康庄大道。

淳祐元年（1241年）的从祀诏为本次祀典首要的文献，其意义必得详加解读。浮面视之，本次诏书泛及北宋四子与朱熹的从祀事宜，但深析文意，不难发现朱熹才是此次从祀的灵魂人物。以赐爵而言，朱熹早已封"公"[3]，而北宋四子只封为"伯"。其次，此番朝廷褒扬周、张、二程，全然根据朱氏《近思录》与《伊洛渊源录》中所塑造的道统系谱。[4] 前者摘要周、张、二程的"言思"，后者则阐述四氏之"行谊"。朱熹所体现的道统观，可以援清儒张伯行（1651—1725年）的按语加以印证：

自唐虞、尧、舜、禹、汤、文、武、周公，道统相传至于孔子，孔子传之颜、曾，曾子传之子思，子思传之孟子，遂无传焉。……迨于宋朝，人文再辟，则周子唱之，二程子、张子推广之，而圣学复明，道统复续，故备着之。[5]

依朱熹的设计，《近思录》撷取了周、张、二程四氏

---

1 脱脱等：《宋史》卷四十二，页八二一。
2 同上书，卷四十五，页八八九。
3 朱熹于理宗宝庆三年（1227年）已封"信国公"，又于绍定三年（1230年）改封"徽国公"，用邹（孟子）、兖（颜子）之例。见李心传：《道命录》（《丛书集成初编》第三三四二—三三四三册），卷十，页一一六—一一七。淳祐元年（1241年），封周敦颐为"汝南伯"、张载为"郿伯"、程颢为"河南伯"、程颐为"伊阳伯"。
4 《近思录》由朱熹与吕祖谦合编而成。《伊洛渊源录》则独自成之朱熹手里，与吕氏颇有歧见。
5 朱熹、吕祖谦合编，张伯行集解：《近思录》卷十四，台北：台湾商务印书馆，1986年，页三二七。

"言思"的精华。朱熹对它期许极高,甚且说:

> 《四子》,《六经》之阶梯;《近思录》,《四子》之阶梯。[1]

《四子》无疑指的是《大学》《论语》《孟子》《中庸》。而淳祐元年从祀诏所叙的序列,恰是朱熹所订的为学次序。言及读书顺序,朱氏反复阐明先后之别甚关紧要。他屡次言道:

> 某要人先读《大学》,以定其规模;次读《论语》,以立其根本;次读《孟子》,以观其发越;次读《中庸》,以求古人之微妙处。[2]

换言之,"学问须以《大学》为先,次《论语》,次《孟子》,次《中庸》"[3]。而代表周、张、二程的《近思录》竟可作为《四子》的阶梯,可见《近思录》在朱熹心目中非比寻常。

必须补充的是,《四子书》(或简称《四书》)因取名自朱熹,但其受到重视,却非始自朱氏。韩愈的《原道》、李翱(772—841年)的《复性书》均曾突显《大学》《中庸》作为振兴儒学的要籍,而韩、李既曾合注《论语》,且对《孟子》推崇备致。[4] 义理上,这已涵蕴此些撰述有

---

1 朱熹:《朱子语类》卷一〇五,页二六二九。
2 同上书,卷十四,页二四九。
3 朱熹:《晦庵先生朱文公集》卷八十五,页九下—二上。
4 例如:韩愈在《原道》曾援引《大学》以阐发儒家淑世有为的义理。见韩氏:《韩昌黎文集校注》卷一,页九一—一〇。李翱在《复性书》亦借《大学》的"格物"来判别儒、释之分;又借《中庸》来发挥儒家的道统说。见(唐)李翱:《李文公集》(清光绪二年刊本),卷二。宋时,欧阳修读李翱《复性书》三篇即谓:"此《中庸》之义疏尔!"欧阳修:《居士外集》(收入《欧阳修全集》,台北:世界书局,1961年),卷二十三,页五三二。韩、李合注有《论语笔解》,其对孟子之推崇,散见二人之著作。后人伪托二氏曾注《孟子》,盖为依托。马端临:《文献通考》卷一百八十四《经籍考十一》,页考一五八三一一。

汇通一处、并集体经典化的可能。

北宋初期,《大学》与《中庸》由《礼记》诸多篇章中脱颖而出,单行别刊,意义非同凡响。[1] 继之,二程大力表彰《四书》,而朱熹论述尤详,终使朱氏成就划时代的学术大业:"进《四书》,退《五经》。"[2] 换言之,《四书》取代了《五经》,成为阐释儒家义理最根本的依据。

孔庙祀典,作为儒家学术最忠实的风向仪,立即反映了上述的学术动向。而一般认为是《大学》《中庸》撰述者的曾子与子思,遂在孔子庙廷步步高升。徽宗崇宁元年(1102年),朝廷特追封子思为"沂水侯",缘其为"圣人之后,孟氏之师,作为《中庸》,万世宗仰"[3]。继而在徽宗大观二年(1108年),子思奉诏入祀孔廷,位于左丘明等二十四贤之间。理宗端平二年(1235年),复诏升子思于"十哲"[4]。作为儒者最辉煌的一刻,终于在度宗咸淳三年(1267年)同时降临在子思与曾子身上。就在这一年,子思与曾子一同携手晋身孔殿,配飨宣圣。[5] 有趣的是,唐时曾参一度以《孝经》作者,比拟"十哲",旋即中辍;这次竟缘《大学》而鱼跃孔廷,跻身"四配"。学风瞬变如此莫测,如果曾子复生,亦未免有不虞之誉之感。

咸淳从祀,"四配"方告底定。究其旨意,纯本诸朱熹所言:"配飨只当论传道,合以颜子、曾子、子思、孟子配。"[6] 朱氏生前即将此一制度付诸地方书院实行,且以"濂溪周先生、明道程先生、伊川程先生、康节邵先生、

---

[1] 王应麟:《玉海》(《景印文渊阁四库全书》,台北:台湾商务印书馆,卷五十五,页四六下。
[2] 钱穆:《朱子新学案》第4册,台北:三民书局,1971年,第180—181页。
[3] 孔继汾:《阙里文献考》卷十四,清乾隆二十七年刻本,页一三下。
[4] 脱脱:《宋史》卷一〇五,页二五五〇。
[5] 同上书,卷四十六,页八九七。
[6] 朱熹:《朱子语类》卷九十,页二二九四。

司马温国文正公、横渠张先生、延平李先生"[1]从祀。居末位的"延平李先生"即是朱熹本人的业师——李侗（1093—1163年）。除此之外，其他六位却是朱氏手书《六先生画像赞》中的先圣。[2]

此六先生虽各自成学，闻道不一，但朱熹说他们"学虽殊辙，道则同归"，适足以标榜有宋一代的学术风范。[3]而且从朱氏文集看来，当时地方上为这几位先哲立祠之风已甚为普遍[4]；然而代表中央观点的孔庙祀典，迄淳祐元年（1241年）方正式取周、张、二程从祀，犹不及邵雍与司马光。而咸淳从祀（1267年）适时弥补了此一缺憾，诚如诏书所言：

朱熹所赞已祀其四，而尚遗雍、光，非缺典与？其令学官列诸从祀，以示崇奖。[5]

朝廷厚爱朱熹有余，连他的论友——湘学张栻、浙学吕祖谦（1137—1181年），也都在理宗景定二年（1261年）获升列从祀。朝廷所持理由是张、吕二氏与朱熹"志同道合，切偲讲磨，择精语详，开牖后学，圣道大明"[6]。又，朱熹生前曾自画像以自警，且为追念此二亡友，并作画像赞[7]，当时朱熹或未料及他日三人均荣登孔廷吧！

回顾有宋一代的从祀制，可以发现若干儒学变迁的特色。

---

1 朱熹：《朱子语类》卷九十，页二二九五。
2 朱熹：《晦庵先生朱文公文集》卷八十五《六先生画像赞》，页九上—九下。
3 同上书，卷八十六《沧洲精舍告先圣文》，页一二上。
4 同上书，卷七十七—卷八十、卷八六。此一文化现象另可参阅寺田刚：《宋代教育史概说》，东京：博文社，1969年，第272—277页。
5 孔继汾：《阙里文献考》卷十四，页一六下。
6 毕沅：《续资治通鉴》卷一百七十六，台北：文光出版社，1975年，页四八〇六。
7 朱熹：《晦庵先生朱文公文集》卷八十五，页九下——一上。

韩愈对宋初孟学的兴起固有开道之功,但随着儒学"心性论"的深化,韩愈"辟异端"的论调已无法满足后儒构作理论的需求。北宋中期,苏轼尚誉韩氏"文起八代之衰,道济天下之溺"[1];但到北宋晚期,散文家张耒(1054—1114年)竟讥讽韩氏"以为文人则有余,以为知道则不足",遑论后世其他以道德性命自任的儒者。明朝的王廷相(1474—1544年)甚至贬斥韩氏"本非有道之士",拟予罢祀。学风骤变,炎凉可知。[2]是故,南、北宋虽均推尊孟学,其意涵则颇有差异。

此外,元丰七年(1084年),孟轲、荀况、扬雄、韩愈四位先儒通允入祀孔庙,正表示当时学风崇高、宽广、极具包容力。传统上,孟氏主"性善"、荀氏主"性恶"、扬氏"善恶混"和韩氏"性三品论"正代表四种截然不同的人性论。[3]北宋年间,人性问题同是儒者共同关怀的焦点。撇开力主"性善",而且日后取得绝对优势的伊洛学派不谈,王安石、司马光、苏轼等人对此问题都各有抒发,以致莫衷一是。[4]元丰从祀能够做到兼容并蓄,恰好说明了当时犹处"学统四起"之际,儒术尚未定于一尊。

而元丰七年(1084年),孟子配飨,与颜子构成"双配";徽宗崇宁三年(1104年),加上王安石配飨,形成"三配";度宗咸淳三年(1267年),下诏颜、曾、思、孟"四配";这种以多配一(主)的形式,确突破传统祭

---

1 苏轼:《苏轼文集》卷十七,页五〇九。
2 张耒撰,李逸安、孙通海、傅信点校:《张耒集》卷四十一,北京:中华书局,1990年,页六六七;王廷相著,王孝鱼点校:《王廷相集》,北京:中华书局,1989年,页八七一。
3 孟子之"性善论",参见朱熹:《孟子集注》卷十一《告子章句上》,页三二五—三二九;荀子"性恶论",见王先谦:《荀子集解·性恶篇》,台北:世界书局,1969年;扬雄"善恶混",见扬雄:《法言注·修身》;韩愈"三品论",见韩愈:《韩昌黎文集校注·原性》。
4 例如王安石:《临川先生文集》卷六十八《原性》《性说》绪篇,司马光:《温国文正公文集》卷七十三《疑孟》,苏轼:《苏轼文集》卷四《扬雄论》。

典的格局,殊值留意。[1] 尤其,"政和新仪"除允王氏父子从祀,并以殿堂、两庑的建筑隔标示"配飨""十哲"与"从祀"诸儒之别,使得孔庙从祀的阶层化益形突出。[2] 最后要谈元代祀典。元代从祀实衍宋末之绪余。元仁宗皇庆二年(1313年),以宋儒周敦颐、程颢、程颐、张载、邵雍、司马光、朱熹、张栻、吕祖谦及本朝许衡(1209—1281年)从祀孔子庙庭。[3] 其中,仅许衡因赓续朱学有功,为新近添入,其他诸儒南宋末叶咸已从祀,但因当时南宋与北方政权隔阂,祀典互异,故元朝一统天下之后,才又有斯命。同样的情形亦见诸元仁宗延祐三年(1316年),以颜、曾、思、孟四子配飨。[4] "四子配飨"本定于南宋咸淳年间,元初未用,至是始行。如同时人的建言:

今天下一家,岂容南北之礼各异?……使南北无二制,天下无异礼,亦可以见我朝明道统,得礼之中,足以垂世无穷矣。[5]

元代从祀史中较富新意的,则是文宗至顺元年(1330年),以董仲舒(公元前179—公元前104年)从祀。[6] 虽承时儒熊铄大力推荐[7],然恐不脱朱熹之余荫。朱子对董仲舒评价甚高,至谓董氏本领纯正,是所谓"纯

---

1 古代祭祀,若"郊天""社稷","一配"为常,至多"双配";后世乃衍至"三配""四配"。参考杜佑:《通典·吉礼》;瞿九思:《孔庙礼乐考》卷二,页一a—二b。
2 庞钟璐:《文庙祀典考》卷三,页一〇上:"先时从祀诸贤并列殿上,至'政和新仪'成,殿上惟祀配位、哲位。诸弟子及先儒分列东西舍,是为两庑从祀之始。"庞氏指出"政和新仪"成于政和三年(1113年)。
3 宋濂等:《元史》卷二十四,台北:鼎文书局,1980年,页五五七。
4 同上书,卷七十六,页一八九二。
5 王圻:《续文献通考》(影印明万历刊本,台北:文海出版社,1979年),卷五十六,页十一上—下。
6 宋濂等:《元史》卷七十六,页一八九三。
7 熊铄:《熊勿轩先生文集》卷四,页五一。熊氏谓:"孟氏之后无传,濂洛未兴之前,寥寥千载,独一董仲舒,学最正,行最醇。"

儒"[1]。而顺帝至正二十二年（1362年）所从祀的五贤，则全系伊洛后进。包括：杨时"亲得程门道统之传，排王氏经义之缪"、李侗"传河洛之学，以授朱熹"、胡安国（1074—1138年）"闻道伊洛，志在《春秋》"、蔡沈（1167—1230年）"从学朱子，亲承指授"、真德秀（1178—1235年）"博学穷经，践履笃实"[2]。在此之前，元仁宗皇庆二年（1313年）恢复科举取士，明经全用朱熹之注，此外别取胡安国《春秋》、蔡沈《尚书集传》表章而尊用，真德秀之《大学衍义》则备经筵讲读。[3] 同样本诸"代用其书，垂于国胄"的道理，可见从祀者与官学关系之密切。而朱学充分宰制有元一代的学术支配权，与元代从祀制适可资互证。

总括而言，唐以前，孔庙祀典以"孔、颜"连称。迄韩愈立意抬高孟子地位，到了北宋，孟子遂得配飨孔殿，"孔、孟"连称，渐有取代"孔、颜"之趋势。元文宗至顺元年（1330年）改赐孟子为"亚圣"、颜子为"复圣"[4]，颜、孟易位，大势底定。从此，"孔孟"并称，主导后世儒学之发展，迄今未改。

五、明清从祀制：理学的分化、考据的兴起与实学的重视

唐初以降，孔庙的发展大略可用"日益峥嵘"以形容之，唯独有明一朝波折丛生。明代开国之君——太祖，与守成之主——世宗，对象征道统的孔庙均有所挑衅，以致

---

1 朱熹：《朱子语类》卷一百三十七，页三二六〇。
2 宋濂等：《元史》卷七十七，页一九二一—一九二二。
3 同上书，页一九二二；卷八十一，页二〇一八—二〇一九。
4 同上书，卷七十六，页一八九二—一八九三。朝廷赐颜子"复圣公"、曾子"宗圣公"、子思"述圣公"、孟子"亚圣公"。汉儒赵岐虽曾以"命世亚圣之大才"称誉孟氏，但历来孔庙祀典，却以"亚圣"尊称颜回。赵岐之辞参见焦循：《孟子正义》卷一，页一三。

造成士人集团与统治人君一度对峙的局面。[1] 可是太祖与世宗对孔庙礼仪刻意地压抑，并未妨碍孔庙从祀制度的实质运作。

其实，太祖深谙晋谒孔庙对拢络儒生的作用。他往往于攻克一城之后，随谒孔庙，差遣儒士告谕父老。[2] 尤其是洪武元年（1368年）初立国，犹处戎马倥偬之际，即循故事，以太牢祀先师孔子于国学，并遣使诣曲阜致祭。[3] 这在在显示：他熟悉"祭孔"如"祭天"，对创业之君实具有"继统"的象征意义。

可是次年却急转直下，太祖令天下不必通祀孔子。之所以致此，似与他个人和孔家的嫌隙有关，而且借此压制士人集团。[4] 洪武五年（1372年），太祖偶览《孟子》，至"君之视臣如土芥，则臣视君如寇雠"，以为非人臣所当言，乃罢孟子配飨；后因儒臣抗争，翌年旋恢复孟子享祀。[5] 但迟迄洪武十五年（1382年），孔子方得恢复天下通祀。[6] 简言之，太祖的举动仅代表人君专制的独断，与儒学思潮并无关联。

明太祖统治期间，真正与从祀制发生关联乃是洪武二十九年（1396年），因行人司副杨砥（1365—1418年）的建言，黜扬雄从祀，以董仲舒入祀。[7] 扬雄罢祀的罪名为"臣事贱莽（王莽）"，此点宋儒早已论列，却无妨扬氏进祀孔庙。譬如王安石即为之辩称："扬雄之仕，合于

---

[1] 请参阅拙著：《道统与治统之间》，第917—941页。
[2] 张廷玉等：《明史》卷一，页六——〇。例如攻下镇江、龙兴。
[3] 同上书，卷二，页二〇。
[4] 详细分析请参拙著：《道统与治统之间》，第932—933页。
[5] 见王圻：《续文献通考》卷五十七，页一一下。又，孙承泽：《春明梦余录》卷二十一，页三六下。
[6] 张廷玉等：《明史》卷三，页三九。
[7] 董伦、李景隆、姚广孝等纂修：《明太祖实录》（收入黄彰健校勘《明实录》，台北：历史语言研究所，1966年），卷二百四十五，页二上。《明史·礼志》误系洪武二十八年。参较张廷玉等：《明史》卷五十，页一二九七。

孔子无不可之义，奈何欲非之乎？"¹ 王安石的挚友——曾巩虽持论略异，谓"（雄）仕莽之际，不能无差"²，却依然对扬氏学问不减敬意。然而明太祖纯以扬雄仕君不忠罢之，除了反映明初强化"忠君"观念的迫切需求，学术上殊少涵意。

至于董仲舒，元朝至顺元年（1330年）已从祀，惟元末以世变不及遍行。元明交替之际所从祀的杨时、李侗、胡安国、蔡沈、真德秀五先生尤为如此，是故进入明季之后，咸得重予祀命。³ 衡诸胡、蔡、真三氏于英宗正统二年（1437年），杨氏于孝宗弘治八年（1495年），李氏则迟迄神宗万历四十一年（1613年）方复奉诏从祀，董氏可谓殊遇。究其故，与明初王祎（1321—1372年）甚有关联。洪武四年（1371年），王祎所上的《孔子庙庭从祀议》在当时未及实行，但视诸尔后明代孔庙的演变，王氏之议应为所本。⁴ 在诸多建言之中，王氏特别推崇董仲舒与其所治《春秋》一经，此点想必令太祖留下深刻的印象。王氏称许董仲舒"功殆不在孟子下"时，说道：

> 自夫孟轲既往，圣学不明。……历秦至汉，诸儒继作，然完经翼传，局于颛门之学，而于圣人之道，莫或有闻，惟董仲舒于其间号称"醇儒"，其学博通诸经，于

---

1 王安石：《临川先生文集》卷七十二，页七六五。
2 曾巩：《曾巩集》卷十六，页二六六。
3 徐一夔等：《明集礼》（《景印文渊阁四库全书》第六四九—六五〇册），卷十六，页一七下——八上。按，《大明集礼》终修于洪武三年，孔庙从祀元代新制仅许衡一人。另参考程敏政：《篁墩文集》（《景印文渊阁四库全书》第一二五二—一二五三册），卷十，页一下。
4 王祎：《王忠文公集》（《丛书集成初编》第二四二一—二四二八册），卷十二《孔子庙庭从祀议》，页三〇三—三〇六。同年，宋濂上《孔子庙堂议》，主张天下通祀孔子，深不为太祖所喜，竟致驳回。而王祎之议，其语多与宋濂合。唯王氏建言从祀董仲舒一事，不见宋氏之疏。秦蕙田误系王氏之议于元至顺元年之前，实误。其时，王祎仅十岁。参较《明史》卷二百八十九，页七四一五。王祎死难于洪武五年，年五十二。另秦蕙田：《五礼通考》卷一百一十九，页二〇上及页二五下。

"春秋"之义尤精。所以告其君者，如天人性命、仁义礼乐，以及勉强遵行，正谊明道之论，皆他儒之所不能道。至其告时君，罢黜百家，表彰六经，以隆孔子之教，使道术有统，异端息灭，民到于今赖之。[1]

除了阐述董氏对治道的贡献之外，王氏复为"扬雄之事新莽，犹获从祀，而仲舒顾在所不取"深抱不平，而在洪武二十九年（1396年）上从祀疏时，杨砥完全接纳了王氏的观点。他说：

扬雄为莽大夫，诒讥万世，董仲舒《天人三策》及正谊明道之言，足以扶翼世教。今孔庙从祀，有雄无仲舒，非是。[2]

此外，值得一提的，就在董氏从祀之前不久（洪武二十八年七月），太祖特下诏要求国子生勤加研习《春秋》，以求"圣人大经大法，他日为政临民庶乎有本"。因明太祖认为"孔子作《春秋》，明三纲，叙九法，为百王轨范，修身立政，备在其中"[3]，而太祖于《春秋》治道切身的领受，正是董氏能雀屏中选、尽早复祀的底蕴。

但有明一朝影响孔庙最为深远之君却非太祖，而是明中叶的世宗，其更动祀典、进退诸儒规模之巨，在孔庙发展史中堪称绝无仅有。世宗以藩子入嗣帝统，因追崇本生父——兴献王，与朝臣争论相持不下，遂援"大礼议"以整肃儒臣。此后即以"制礼作乐"自任，展开一连串更制礼仪的行动，范围包括祭天地、社稷、日月、先蚕等，嘉

---

1 王袆：《王忠文公集》卷十一，页三〇三。
2 夏燮：《明通鉴》卷十一，"太祖洪武二十九年三月"条，北京：中华书局，1959年，页五二六。
3 董伦等纂，黄彰健校勘：《明太祖实录》卷二百三十九，页四下。

靖九年（1530年）遂更延及孔庙祀典。[1]

世宗借改孔庙祀典，以压制士人集团的意图十分明显，致使诏书初下，"一时缙绅耳目之濡染既久，纷纷执议，几于聚讼"[2]。虽然世宗之宠臣——张璁（1475—1539年）亦报告"数日以来，群议沸腾"，因此乞求世宗举凡"孔子祀典，暂假时日，少缓订议"[3]，然而世宗仍执意如初，不为所动。嘉靖九年终成一代之典，影响且及于后世。

嘉靖九年，张璁迎合帝意所上的奏辞，实为这次祀典更制的定本。而为了深入了解此次改制的学术意义，首先便得过滤世宗个人所横加的情绪或政治因素。张氏在奏对之词中，为世宗说道：

> 孔子祀典自唐宋以来，溷乱至今，未有能正之者。今宜称先圣先师，而不称王。祀宇宜称庙，而不称殿。祀宜用木主，其塑像宜毁撤。笾豆用十，乐用六佾。叔梁纥宜别庙以祀，以三氏配。公侯伯之号宜削，只称先贤、先儒。其从祀申党、公伯寮、秦冉、颜何、荀况、戴圣、刘向、贾逵、马融、何休、王肃、杜预、吴澄宜罢祀，林放、蘧瑗、卢植、郑玄、服虔、范宁宜各祀于乡，后苍、王通、欧阳修、胡瑗、蔡元定宜增入。[4]

根据上疏，可知嘉靖孔庙改制包括：（一）孔子撤王封，从祀弟子削爵称；（二）毁塑像，用木主；（三）设立"启圣祠"，以主祭孔子之父——叔梁纥，附祭从祀弟子之

---

[1] 张廷玉等：《明史》卷一百九十六，页五一七八。
[2] 徐学谟辑：《世庙识余录》（影印明万历徐氏家刊，台北：国风出版社，1965年），卷六，页一九下。
[3] 黄彰健校勘：《明世宗实录》卷一百一十九，页六上。
[4] 同上书，页四上。

父;(四)更定从祀制,进退诸儒。其中第(一)(二)项方是改制争执所在,最为士人所非议,直目为孔门之耻。[1] 第三项则在两可之间。时儒对第四项鲜有歧义,却与本文主题关系密切,是故最能忠实反映时代学风。

设立"启圣祠"一事,孕育已久。南宋洪迈(1123—1202年)[2]、元熊鉌[3]、明初宋濂(1310—1381年)、王祎[4],甚至晚近的程敏政,皆一再疵议孔庙从祀有"子尊父卑"、悖乎人伦的现象。[5] 譬如:颜回、曾参、孔伋均配飨,位居殿堂之上,而颜父(颜路)、曾父(曾点)、孔父(孔鲤)却止于从祀,卑处两庑之下。这不啻造成从祀制中"传道"与"人伦"之间的紧张性。明英宗正统三年(1438年)因裴侃(1430—1438年前后在世)的建言,孔庙采取了区分地域的双轨制,以解决上述的矛盾。裴氏的意见是:

> 天下文庙,惟论传道,以列位次。阙里家庙,宜正父子,以叙彝伦。[6]

所以在阙里一地,因孔子之父——叔梁纥在元代已追封"启圣王",别创"启圣王殿",以"四配"之父自行配飨,如是则能两者兼顾。

嘉靖九年(1530年)即遵循上述模式,推广至天下孔庙,此后无复有地域之别。不可否认,张璁借议立"启

---

1 例如,沈德符:《万历野获编》,"补遗",卷二,北京:中华书局,1980年,页八五四;焦竑撰,顾思点校:《玉堂丛语》卷三,北京:中华书局,1981年,页九三;吕元善:《圣门志》(《丛书集成初编》第三三一八—三三二一册),卷一上,页一六。
2 洪迈:《容斋四笔》(收入《容斋随笔》,上海:上海古籍出版社,1978年),卷一,页六一五。
3 熊鉌:《熊勿轩先生文集》卷四,页五二。
4 宋濂:《宋学士全集》(《丛书集成初编》第二——〇—二一三三册),卷二十八,页一〇九——〇二二;王祎:《王忠文公集》卷十二,页三〇五—二〇六。
5 程敏政:《篁墩文集》卷十,页一〇下——二上。
6 张廷玉等:《明史》卷五十,页一二九七。

圣祠"以明"人伦"之大，实暗寓"大礼议"之深意。而"启圣祠"本身亦衍生成一"副从祀系统"，与孔庙"主从祀系统"彼此对应。举例而言，嘉靖十年（1531年），诏以程珦（二程之父）、朱松（朱熹之父，1097—1143年）、蔡元定（蔡沈之父，1135—1198年）从祀"启圣祠"[1]。其位阶则有"先贤"或"先儒"之不同，全然视其子之地位而定，故实不脱"父以子贵"的模式。

嘉靖孔庙改制之中，"进退诸儒"一事，时人鲜少异议，后世至以"意虽私而论则公"[2]许之，足见与时代学风并行不悖。只有两个特例，一是欧阳修因"濮议"之故，为世宗引为"大礼议"奥援，故得从祀。[3]时人徐学谟（1521—1593年）曾挺身说：

> （世宗）欲举（欧阳修）而从祀孔子庙庭，盖为濮议之有当于圣心也。[4]

二是吴澄（1249—1333年）因受指控为宋人仕元，违春秋夷夏之辨，遂遭罢祀。本来在明英宗宣德十年（1435年），湖广慈利县教谕蒋明（1423年举乡荐）以吴氏"其功不下于许衡，衡既从祀，澄当如之"[5]请之。蒙元之世，许衡为"北方之儒"，吴澄为"南方之儒"，二者勠力保存儒学于不坠之地。朝廷允其从祀之请，即依上述的认识。其时诏书如此记载着：

---

1 张廷玉等：《明史》卷五十，页一三〇〇。
2 庞钟璐：《文庙祀典考》卷四，页一四〇。
3 北宋英宗发生与明世宗类似的情况，谓为"濮议"。欧阳修反对司马光诸人意见，而与英宗吻合。欧阳修：《欧阳修全集》，页九七七—九九五。
4 徐学谟：《世庙识余录》卷四，台北：国风出版社，1965年，页五上。
5 孙继宗、李贤等纂修：《明英宗实录》（收入黄彰健校勘：《明实录》，台北：历史语言研究所，1966年），卷四，页五上。

盖元之正学，大儒惟许衡及澄二人。故卒后皆谥"文正"。我国家表彰《四书》、《五经》及性理之学，凡澄所言皆见采录，其发明斯道之功，朱熹以来莫或过之。[1]

明成祖倡性理之学以缘饰文治，修《四书五经大全》，多采宋、元儒成说，以为科考定本。[2] 后又修《性理大全》，以周、程、张、朱诸儒之书类聚成编，与经书大全互为表里。[3] 吴澄得受青睐，与此有关。

此外，吴澄从祀恰逢明代学术转向的前夕。其时吴氏犹被目为"朱学后劲"，而非后世所推崇的"朱陆调和论者"或"心学的先驱者"[4]。价值上，吴澄得以从祀，涵蕴"文化"贡献凌驾政治忠诚之上。吴氏仕元的事实，在宣德从祀诏中仅以"（元）屡征虽起，未尝淹留进退之际"一笔带过。[5] 但降至嘉靖，"仕元"却酿成罢祀主因。先是弘治年间，谢铎（1435—1510年）指控吴氏"处中国而居然夷狄，忘君亲而不耻仇虏"[6]，要求罢祀吴氏不遂。到了嘉靖，议礼者全然接受谢氏说辞；显见该时外患日深，夷夏意识趋于紧严的情形。反讽的是，到了满清夷狄之朝，吴澄于乾隆二年（1731年）竟获恢复名位，重祀孔庙。[7] 其从祀可谓以"学术"始，嗣后却因夷夏政权轮替而相起伏。

除此之外，嘉靖九年（1530年）孔庙改制，概本诸程敏政（1446—1499年）于明孝宗弘治元年（1488年）

---

1 黄彰健校勘：《明英宗实录》卷四，页五下，宣德十年四月。
2 张廷玉：《明史》卷七十，页一六九四。
3 同上书，卷九十八，页二四二五。
4 请参考拙著：《"学案"体裁产生的思想背景：从李绂的〈陆子学谱〉谈起》，《汉学研究》第2卷第1期（1984年6月），第207—209页。
5 黄彰健校勘：《明英宗实录》卷四，页五下。
6 王圻：《续文献通考》卷五十七，页二三下—二四上。
7 庞钟璐：《文庙祀典考》卷一，页一四下。

所上的《考正祀典疏》。[1] 程著基本上沿袭元儒熊钤与明初宋濂、王祎的意见,而加以损益之。[2] 依此,遭罢祀有十三人,改祀于乡有七人,增祀则有五人。[3] 显然,"罢祀"惩处最严;"改祀于乡"则依"有功德于一方者,一方祀之,踰境则已"的准则行之,与从祀孔庙者得以通祀天下,有极悬殊的差别。[4]

居中,原列名孔子弟子的申党、秦冉、颜何,缘考核不实遭罢祀;公伯寮因诉子路而沮孔子,大悖圣门之教,连带去祀。蘧瑗、林放,原非孔子弟子,而致改祀于乡。

南宋以来,理学奉孟子为圭臬,"性善"论即取得绝对优势。此后荀子在孔庙的地位便岌岌不保。荀子素以主张"以性为恶,以礼为伪",并且"以子思、孟子为乱天下,以子张、子夏、子游为贱儒",这种论调显然不合时宜,是故挞伐之声不绝于耳。朱熹便评道:"荀卿则全是申、韩。"[5] 而李元纲(1165—1170年前后在世)作于乾道六年(1170年)的《圣门事业图》中,将孟子划归"历代圣贤",意谓"传大中至正之道,行之万世而无弊";然而荀子、扬雄却与瞿昙、老聃、杨朱、墨翟诸异端并列"独行圣贤",视"其道可救一时,不可传于万世"[6]。此一分辨,高下立判。而荀、扬二氏日后于孔庙落寞的下场,已隐约可期。

---

1 张璁录并撰,张汝纪等辑:《谕对录》,明万历三十五年附三十七年刊本,页一〇下——一一上。弘治年间,另有张九功上从祀疏,意见与程敏政相似,收入薛瑄撰,玄常等校:《薛瑄全集》下册,太原:山西人民出版社,1990年,页一六二八——一六三〇。
2 试比较熊钤:《熊勿轩先生文集》卷四,页五〇—五一;宋濂:《宋学士全集》卷二十八,页〇二〇—〇二一;王祎:《王忠文公集》卷十二,页三〇三—三〇五;程敏政:《篁墩文集》卷十,页四上—一〇下。
3 "改祀于乡"依《明世宗实录》只有六人,唯《明史·礼志》载有七人,多了郑众。查张璁的《谕对录》及《罗山奏疏》均采程敏政之奏稿载有郑众。可见《明世宗实录》漏抄一人。参较张廷玉:《明史》卷五十,页一三〇〇;张璁:《谕对录》卷二十二,页一一上;《罗山奏疏》卷六,明万历五年刊本,页一六上——一六下。
4 程敏政:《篁墩文集》卷十,页三上。
5 朱熹:《朱子语类》卷一百三十七,页三二五五。
6 李元纲:《圣门事业图》,百川学海本,页一〇〇一。

但嘉靖孔庙改制最能彰显的时代精神,却是以"明道之儒"来取代"传经之儒"。在此一价值的取舍之下,唐代贞观年间所从祀的经师纷纷遭受贬斥,其中不乏因细行而罢祀或改祀于乡。例如:戴圣遭指控"治行不法,身为赃吏"、刘向"喜诵神仙方术,流为阴阳术家"、贾逵"附会图谶,以致贵显"、马融"不拘儒者之节,献颂以美(梁)冀"、何休"黜周王鲁,异端邪说"、王弼"倡为清谈,专祖老庄"、王肃佐助"(司马)昭篡魏"、杜预"以吏则不廉,以将则不义"[1]。凡此通以德性不检下祀,这固是反映理学影响之下,道德标准趋于严紧,但底层尚存有深刻的学术理由。

嘉靖改制所以罢祀经师,显然有意标新立异。"立异"方面,他们更动贞观所树立的从祀标准,把"存经之儒"与"明道之儒"分开对待。一方面,批评贞观礼官"拘于旧注疏(郑玄)",见识浅陋,以"专门训诂之学为得圣道之传"[2]。他们认为遭罢祀的八位经师只不过是训诂之儒,仅因为其训释之书行于唐,故唐以备经师之数,其功劳实远逊存经之儒。尤其理学大明之后,《易》用程朱、《诗》用朱子、《书》用蔡氏、《春秋》用胡氏,又何取于汉魏以来驳而不正之儒?同理,郑众、卢植、郑玄、服虔、范宁五人虽若无过,"然其所行亦未能以窥圣门,所著亦未能以发圣学",遂遭降级,各改祀于乡。[3]另一方面,他们却对"存经"者推崇如故;譬如:左丘明、公羊高、谷梁赤之于《春秋》,伏胜、孔安国之于《书》,毛苌之于《诗》,高堂生之于《仪礼》,后苍之于《礼记》,杜子长之于《周礼》,仍功不可没。尤其是秦火之后,圣道

---

[1] 张璁:《谕对录》卷二十二,页九下——一〇下。
[2] 同上书,页九下。
[3] 同上书,页一〇下——一一上。

几熄，守其遗经特弥足珍贵。

嘉靖改制"标新"部分，除以"存经"名目，增祀后苍之外，并以隋唐之际的王通与北宋初年的胡瑗（993—1059年）进祀孔庙。二者于儒学承先启后的贡献，促成"明道之儒"自立门户而不复依傍于"传经之儒"之下。而其学术去取标准，程朱色彩十分鲜明：不止前述蔡元定，因佐其师——朱熹解经，允得入祀"启圣祠"[1]，致连先代前贤王通、胡瑗，咸得"断以程朱之说"，方允从祀庙庭。[2]

本来有宋一代适值经学、道学未分之际，从祀之儒"传经"兼具"明道"，二者并不细分。朱熹便是个中最佳典范。惟胡瑗著述固少，今以德性践履从祀，此例一开，"立德"优于"立言"，"明道之儒"有凌驾"传经之儒"的趋势。

同理，嘉靖九年，朱熹的论敌——陆九渊，缘王守仁弟子薛侃（1486—1545年）之请，从祀孔廷，这象征了道学的分化。顾炎武（1613—1682年）观察入微，曾为评道：

> 嘉靖之从祀，进欧阳修者为大礼也，出于在上（世宗）之私意也。进陆九渊者，为王守仁也，出于在下（儒臣）之私意也。[3]

顾氏之论确实一针见血。陆九渊入祀迟于朱熹近三百年之久，足见陆学之隐晦；陆氏得以从祀，既替心学的拓展建立了一处稳固的滩头堡，且为后来王阳明的从祀打了

---

[1] 蔡元定从祀为桂萼之兄——桂华之议，并付于张璁附奏。见桂萼：《文襄公奏议》卷八，清乾隆二十七年重刊本，页一七下。
[2] 张璁：《谕对录》卷二十二，页一二下。
[3] 顾炎武：《原抄本顾亭林日知录》卷十八《嘉靖更定从祀》，页四三二。

一场成功的前哨战。

在为陆九渊敦请祀命的上疏之中,薛侃为陆氏争正统的意图相当明显。他说道:

> 孟子没而学晦,至宋周敦颐、程颢追寻其绪,陆九渊继之,心学复明。[1]

王守仁曾以"圣人之学,心学也"[2] 许陆氏,故薛侃以"心学"标示陆学一脉。薛侃语及北宋学统,仅及大程而略小程,对陆王一系绝非偶然。他们深悉陆氏不契伊川之学,甚以"蔽固深"讥刺小程子[3],而程颐正是朱熹生平所宗。这种壁垒分明的宗派意识,日后益形加剧。

王守仁生前坚信:朱熹与陆九渊虽所学若有不同,要皆不失为"圣人之徒"。他曾为陆学的处境抱不平,遂有感发而言道:

> 顾(朱)晦庵之学,既已若日星之章明于天下;而(陆)象山独蒙无实之诬,于今且四百年,莫有为之一洗者。使晦庵有知,将亦不能一日安享于庙庑之间矣。[4]

王守仁誓言"欲冒天下之讥,以为象山一暴其说,虽以此得罪,无恨"。观此,薛侃推举陆氏从祀,意在完成令师未竟之志。

薛侃复将陆氏久久未得从祀之因,归诸"蚤岁尝与朱熹论说不合",故受其徒排挤为禅。[5] 可是薛氏的说辞,除

---

[1] 薛侃之疏,收入潘相:《曲阜县志》卷二十九,页一七下。薛氏之疏恐是误系嘉靖八年,观其内容应属九年之事。另立"三氏学"亦是九年之事。见《明世宗实录》。
[2] 王守仁:《王阳明全集》卷七《象山文集序(庚辰)》,页二四五。
[3] 陆九渊:《陆九渊集》卷三十四,页四一三。
[4] 王守仁:《王阳明全集》卷二十一《答徐成·之二(壬午)》,页八〇九。
[5] 潘相:《曲阜县志》卷二十九,页一七下。

了透露历史上朱学之盛,并未尝理出陆氏少立文字,方是潜存的主因。为了抗衡朱熹大量的著述,尤其经解部分,陆氏门徒屡劝陆氏何不著书立说,陆氏反云:"六经注我,我注六经。"[1] 显见陆氏重视"身教"远胜于"言教"。陆九渊自信满满地说,"若某则不说一个字,亦须还我堂堂地做个人"[2],但罕于著述的事实,终使他在历史上屈居下风。嘉靖从祀,"立德"克服了"立言",使得"著述"暂居第二义。

然而就在同疏之中,薛侃所推荐的陈献章(1428—1500年)则无此幸运。其间"著述多寡"成了从祀关切的焦点,薛侃必得曲予维护。他言道:

(陈献章)博而能约,不离人伦日用而见鸢飞鱼跃之机。虽无著述,其答人、论学等书已启圣贤之扃钥。[3]

既然"答人、论学等书"不算"著述","著述"指的必是"解经的文字"。嘉靖九年,陈氏未得从祀,此恐是主因。

倘以陈氏之例,衡诸薛瑄从祀始末,其演变将愈形显豁。自宪宗成化元年(1465年)有人提请从祀朱学矩矱薛瑄始,至穆宗隆庆五年(1571年)止,呼吁薛氏入祀孔廷,绵延及于百年之久[4],而著述太少亦始终是薛氏从祀失败的主因。例如孝宗弘治元年(1488年),杨士奇(约1364—1444年)以其"无著述"阻之。[5] 但薛氏本来即标榜:

---

1 陆九渊:《陆九渊集》卷三十四,页三九九。
2 同上书,卷三十五,页四四七。
3 潘相:《曲阜县志》卷二十九,页一七下。
4 李之藻:《頖宫礼乐疏》卷二,页二四上。
5 同上书,页一六下。

> 自考亭以还,斯道已大明,无烦著作,直须躬行耳。[1]

事实上,薛瑄尚著有《读书录》二十卷,嘉靖十九年(1540年),廷议薛瑄从祀事宜,儒臣唐顺之(1507—1560年)便援此为薛氏辩护道:

> (薛)瑄所著《读书录》且十余万言,固濂洛关闽之绪而《六经》之旨也,其为著述则亦已繁。[2]

然这番辩护仍无法杜悠悠之口,反对者说薛瑄于《六经》少所著述,宜不得从祀。[3] 另一为薛氏辩护的儒臣徐阶(1494—1574年或1503—1583年)亦承认:"瑄所著止《读书》一录,未能释然于罕所著述之疑。"[4] 可见所谓"著述"必须是"解经文字",其他则一概不予考虑。否则无由理解弘治年间,杨士奇竟然无视于《读书录》,而以"无著述"阻薛氏从祀。

是故,嘉靖十九年的廷议,虽然大多数儒臣支持薛氏从祀孔庙,世宗仍裁决:"公论久而后定,宜候将来。"[5] 但唐顺之为薛氏所设的辩词显示,陆九渊罕著述、重践履的典范已逐渐获致认可。唐氏借重嘉靖九年进陆九渊、黜马融之先例,辩道:

> 自古儒者说经之多,莫如马融;其体认本心,绝不肯

---

[1] 张廷玉等:《明史》卷二百八十二,页七二二九。
[2] 唐顺之:《荆川先生文集》(《四部丛刊初编》影印明刻本影印涵芬楼藏明万历刊本),外集卷一,页三六七下。
[3] 同上。
[4] 徐阶:《世经堂集》卷六《薛文清祀议》,明万历徐氏刻,清康熙二十年徐佺重修本,页四三下。
[5] 黄彰健校勘:《明世宗实录》卷二百三十五,页三上。

为《六经》脚注者,莫如陆九渊。[1]

但在嘉靖从祀,却一进一黜若此。当时徐阶亦有同感,他坦承"论著述,九渊实不如马融之多",然而"论践履,马融固不如九渊之正"[2]。他且申言之:

圣门之学,重践履而轻文词;贵身心而贱口耳。回之如愚,世所短也,孔子亟称之;赐之博学多识,世所尚也,孔子屡抑之。[3]

徐阶隐然以薛瑄比附毫无著述的颜子,并诉诸孔子元圣的爱恶,其谋以"立德"取代"立言",用心至苦。直到穆宗隆庆五年(1571年),薛瑄才获入祀孔庙,再次证明"立德"凌驾"立言"之上。时儒瞿九思(1575—1610年前后在世)言道:

凡诸儒之为学,所以学为圣贤,必其学已得正传,可以受承道统,方可列于孔庙,以为圣人之徒。[4]

换言之,从祀标准"必先论其行,后论其书"。因此瞿氏列举从祀要件,首及"德行"、次及"经术"、末方及"世代"。[5] 实有见于该时文庙祀典的动向。

万历十二年(1584年),神宗下诏廷议陈献章、胡居仁(1434—1484年)、王守仁从祀。朱门学者沈鲤时为

---

1 唐顺之:《荆川先生文集》外集卷一,页三六七下。
2 徐阶:《世经堂集》卷六《薛文清祀议》,页四五下。
3 同上书,页四四上。
4 瞿九思:《孔庙礼乐考》卷五,页三三 a—b。引文第四句"可以受承道统",万历三十五年史学迁刻本作"可以受承道就",疑误,故依历史语言研究所藏明万历三十四年乐安陈嘉言刊本改正。
5 同上书,页四六 a。

礼部尚书,则主张独祀居仁。[1] 大学士申时行(1535—1614年)仍请并祀三人,故特为献章、守仁申辩。首先,他反驳对陈、王二氏的指控,谓陈、王"各立门户,离经叛圣如佛、老、庄、列之徒",并点出"守仁言致知,出于《大学》,言良知本于《孟子》;献章主静,沿于宋儒周敦颐、程颢",二者均祖述经训,羽翼圣真。[2]

申时行申辩道,未必著述方为有功圣门,他特别强调躬行实践的重要,至言:

> 圣贤于道,有以身发明者,比于以言发明,功尤大也。[3]

守仁从祀,似对程朱学者造成莫大压力,所以申时行方举孔庙祀典原有朱、陆并祀前例,以袪除崇王废朱的疑虑,他力言:"道固互相发明,并行而不悖。"[4] 申氏的申诉获得神宗的同情,随即下诏以陈、胡、王三氏一体并祀。这意味着"学术三分天下"的来临。

明代学术之分,自陈献章、王守仁始。宗献章者曰"江门之学",宗守仁者曰"姚江之学",居仁则墨守程朱一系。《明史·儒林传》中:"嘉(靖)、隆(庆)而后,笃信程、朱,不迁异说者,无复几人矣。"[5] 这一段话自是针对新学流行而发,但基本上,朱学并未失去官学的优势地位。

惟儒臣始荐陈、王二氏从祀,距二儒生时均不逾四

---

[1] 李之藻:《頖宫礼乐疏》卷二,页二四下。
[2] 张惟贤、叶向高、顾秉谦等纂修:《明神宗实录》(收入黄彰健校勘:《明实录》,台北:历史语言研究所,1966年),卷一百五十五,页五上。
[3] 同上,万历十二年十一月。王守仁门徒似恐王氏受罕著述之累,急着编纂王氏全集出版。参见 Hung-Lam Chu, "The Debate Over Recognition of Wang Yang-ming," *Harvard Journal of Asiatic Studies*, vol. 48, no. 1 (June 1988), pp. 47–70。
[4] 黄彰健校勘:《明神宗实录》卷一百五十五,页五下。
[5] 张廷玉等:《明史》卷二百八十二,页七二二二。

十年[1]，可见新学传布既广且速。尤其王守仁生前饱受"伪学"之累，屡遭压抑，身后犹一度经历权相张居正（1525—1582年）厉禁讲学之制，以致无由从祀。然而张居正过世不久，王氏旋与陈献章同上孔廷。

要言之，万历陈献章、胡居仁、王守仁三人从祀（1584年），新学崛起，代表道学多元化。整体而言，"明道之儒"有替代"传经之儒"之势。明中叶徐阶的言辞，恰可资印证。他说：

> 六经之道，具在人心；六经之文，坦然明白。纵无训诂，岂遽失传？[2]

这种藐视注疏的心态，只能出现在理学大放光明的时代。

始自南宋末年，熊铄首倡议立新"五贤祠"，以崇祀周、二程、张、朱五贤，并取代旧有荀、扬诸贤。依熊氏之见，此不惟"大明洙泗之正传，亦以一洗汉唐之陋习"，熊氏且认为：祀典上，道学五先生"直可以继颜、曾、思、孟之次，配食夫子"[3]。熊铄之后，拟以道学"五贤"超越汉、唐从祀之儒的呼声，即此起彼落。有明一朝，更是屡见不鲜。[4] 最典型的例子，莫如瞿九思所言：

> "四配"譬之，则孔子之长男；"十哲"譬之，则孔

---

[1] 嘉靖九年（1530年），薛侃请陈献章（1428—1500年）从祀，距生时仅三十年。隆庆元年（1567年），耿定向首为王守仁（1472—1528年）请祀，距生时三十九年。耿定向：《耿天台先生文集》卷二，台北：文海出版社，1970年，页一一上—一三下。
[2] 徐阶：《世经堂集》卷六《薛文清祀议》，页四下。
[3] 熊铄：《熊勿轩先生文集》卷三，卷四，页四九。
[4] 例如：弘治年间的杨廉、万历年间的唐伯元；参见《明史》卷二百八十二，页七二四七、七二五七。甚有以周敦颐当跻于"四配"之列。见舒芬（1484—1527年）：《阙里问答》，百陵学山本，页二下。

子之中男；周、程、朱最后出，譬之，则孔子之少男。[1]

而汉、唐诸儒，竟不与孔子之宗传。

明亡之前——崇祯十五年（1642年），除因左丘明曾亲授经于孔子而改称为"先贤"外，最值得注意的是称周、张、二程、朱、邵六子亦升为"先贤"，位七十子之下、汉唐诸儒之上。[2] 嘉靖改制，唯有"四配"与"十哲"方尊为"先贤"，其他从祀者概以"先儒"称之。周敦颐诸儒由"先儒"进阶为"先贤"，实为理学地位的跃进。简而言之，由宋至明的孔庙从祀制度的演变，恰恰反映了"理学的黄金时代"。而崇祯改祀固将理学臻于巅峰，唯此时此刻却宛如诗人所伤逝的"夕阳无限好，只是近黄昏"，其灿烂夺目的荣耀迅即消逝。

随着明朝政权的溃亡，理学——尤其陆王一系，顿成众矢之的。顾炎武以王守仁的良知说譬之魏晋清谈，责备他"以一人而易天下"[3]。清初另一大儒——王夫之（1619—1692年）亦将王学末流比诸"陆子静（九渊）出而宋亡"，其流祸相似。[4] 程朱学者更是振振有词云"明之天下不亡于寇盗、不亡于朋党，而亡于学术"[5]，而这里所谓的"学术"，当然是指阳明末流的"异端邪说"了。

当时这类以王学肆行解释明亡的论调，颇为常见。所以程朱学者——张烈（1622—1685年）更是大声挞伐

---

1 瞿九思：《孔庙礼乐考》卷一，页四四 a。
2 张廷玉等：《明史》卷五十，页一三〇一。
3 顾炎武：《原抄本顾亭林日知录》卷二十，页五三九。
4 张载撰，王夫之注：《张子正蒙注》（收入中华文化丛书委员会审订兼编修，萧天石主编：《船山遗书全集》，台北：船山学会、自由出版社，1972年），卷九，页一二上。清初朱门学者张烈亦谓："明之阳明，即宋之象山。"见张烈：《王学质疑·附录》，收入《正谊堂全书》，清同治五年福州正谊书院刊本，页二上。
5 陆陇其：《三鱼堂文集》（《景印文渊阁四库全书》第一三二五册），卷二，页二下—三上。

"阳明一出而尽变天下之学术，尽坏天下之人心"，从而判定"阳明之出，孔、朱之厄"，欲罢黜王氏从祀而后已。[1] 有清一代考证的开山学者——阎若璩（1636—1704年），亦以维护朱门自任，甚而扬言"欲近罢阳明，远罢象山"，最后致连居于两公之间的白沙（陈献章）亦难逃出阎氏的声讨之列。[2] 从阎若璩于康熙四十二年（1703年）所撰的《孔庙从祀末议》，适可看出清初康、雍、乾三朝文庙更制的线索，影响不可不谓深远。[3]

阎若璩的《孔庙从祀末议》原先附载于氏著《尚书古文疏证》之后。但若将附录本与单行本互较，可以发现其中大有不同。最重要的差别，即是《孔庙从祀末议》的单刊本——其子图欲上之朝廷以左右视听的本子，省略了罢黜陆王学者的文词。[4] 这似乎是有意迎合清朝统治者的文教策略。原来清初君主充分体认，孔庙祀典对于清朝统治的正当性多所帮助；他们基本上不赞成打压陆王学派，不过，却借增祀程朱一系，以宣示本朝教化之盛。陆王学者便在清初危疑、动荡之际，幸而渡过一劫。

康熙五十一年（1712年），清圣祖意欲朱熹既为孔孟正传，宜跻孔庙"四配"之次；后缘李光地劝阻，才使朱子退居"十哲"之末。[5] 纵使如此，朱熹已跻身孔庙正殿，飞跃汉唐以下诸儒。圣祖之尊崇朱子，必与其重用的程朱理学名臣关系密切；前此，他还参预《朱子全书》《性理

---

[1] 张烈：《王学质疑·附录》，页一四上—一四下。
[2] 同上。
[3] 阎若璩：《孔庙从祀末议》，收入《昭代丛书》，清道光十三年吴江沈氏世楷堂刊本，页三二下。
[4] 阎若璩的《孔庙从祀末议》里，举凡建议八佾、十二笾豆于太学祭典、进有若为"十二哲"（另一哲公西华不遂行，后显为朱熹），孔子、孟子弟子或复配，或入祀，进程朱学者、河间献王、诸葛亮、范仲淹等，后世大多实行。其单刊本与附载《尚书古文疏证》的本子互有出入，可参较《孔庙从祀末议》，页三上—三四下。
[5] 李清植纂辑：《文贞公年谱》卷下，台北：广文书局，1971年，页五〇上—五〇下。朱熹祀于"十哲"之末，为"第十一哲"；乾隆三年又以有若升配，成"十二哲"。见牛树海辑：《文庙通考》卷一，清同治十一年浙江书局刊本，页二九上—二九下。

精义》的纂修。[1] 康熙五十一年进祀朱子，只能视作圣祖一生崇朱的总结。

雍正二年（1724年），清世宗依廷议裁决：孔庙宜复祀林放、蘧瑗、秦冉、颜何、郑康成、范宁六人，增祀孔子弟子县亶、牧皮，孟子弟子乐正克、公都子、万章、公孙丑，汉诸葛亮，宋尹焞（1061—1132年）、魏了翁（1178—1237年）、黄榦、陈淳（1159—1223年）、何基（1188—1268年）、王柏（1197—1274年）、赵复（1235年前后在世），元金履祥（1232—1303年）、许谦（1270—1337年）、陈澔（1260—1341年），明罗钦顺（1465—1547年）、蔡清（1453—1508年）以及本朝程朱大儒陆陇其（1630—1692年），共二十人，张载之父——张迪，则入祀"崇圣祠"[2]。这是唐代以下，孔庙最大规模的增祀举动。乾隆皇帝在为《世宗御制文集》作序时，特意指出乃父受圣祖感发，继志述事，以致文治茂隆。他称扬世宗道：

圣学高深，探性命之精，操治平之要，天德王道一以贯之。隆礼先师孔子，增祀先儒，右文重道之典，超越常制。[3]

细绎雍正祀典所复祀的六位先儒，显然为纠正嘉靖改制而作。其中林放、蘧瑗、秦冉、颜何四位经核实为孔子弟子，得以复祀。另外又考得县亶、牧皮为孔子弟子，崭

---

1 清圣祖御制，张玉书、允禄等奉敕编：《圣祖仁皇帝御制文集·第四集》（《景印文渊阁四库全书》第一二九八—一二九九册），卷二十二，页七上—一三下。
2 鄂尔泰、张廷玉等奉修：《大清世宗宪（雍正）皇帝实录》卷二十三，台北：华联出版社，1964年，页二四下。
3 清高宗御制，于敏中等奉敕编：《御制文集·初集》（《景印文渊阁四库全书》第一三〇一册），卷九，页九上—九下。

新添祀。这种因考核所得的孔门弟子,未来仍陆续发生。[1]

北宋以降,孟学一路攀升,虽道学趋于分化,犹稳居儒学宗传之首;迄清初,其地位未曾动摇。孟子高弟乐正克、公都子、万章、公孙丑四人,于北宋政和五年(1115年)或配飨或从祀新立的邹县孟子庙[2],自雍正二年起,与其师均沾殊荣,同祀孔庙。

而在雍正所增祀的儒者之中,程朱学派(由宋朝尹焞至清朝陆陇其)竟居十三位之众,却独无一位陆王学者。这使得朱学一洗明末衰颓之势,并与清初"返归程朱"的运动相互唱和。[3]而程朱一系从此成为官方思想的基调,许多历史上杰出的程朱学者均首度获得青睐,得以上祀孔廷;举其要若道光年间上祀的谢良佐,咸丰年间上祀的曹端,同治年间的吕柟,光绪年间的辅广、游酢、吕大临、陆世仪与张伯行。但降至清下半叶,宋学趋于宽广,调和朱陆或倾向陆王之学亦有入选者,例如道光三年(1823年)从祀的汤斌、道光七年(1827年)的孙奇逢与同治七年(1868年)的袁燮。[4]

在汉学方面,雍正祀典复祀了郑玄、范宁,颇有重立"汉帜"的味道。本来嘉靖改制,"传经之儒"纷纷遭受罢祀,后世即有人为之叫屈。万历年间的王世贞即不平:

> 先朝之黜汉儒,凛乎斧钺矣。夫卑汉者所以尊宋,而不知其陷宋儒于背本也。令训诂之学不传,即明哲如二

---

[1] 例如:咸丰三年从祀的公明仪、七年从祀的公孙侨。
[2] 李心传:《建炎以来朝野杂记》乙集卷四,页三九八;又,陈锦:《文庙从祀位次考》,清光绪十二年橘荫轩刊本,页三〇下—三一下。
[3] 清初程朱学派的复振运动可略参考钱穆:《中国近三百年学术史》第六章,台北:台湾商务印书馆,1968年;以及 Carsun (Chia-sen) Chang, *The Development of Neo-Confucian Thought*, New York: Bookman Associates, 1962, vol. II, chapter 13.
[4] 庞钟璐:《文庙祀典考》卷四十九,页一六b—一八b,页二四b—二六b;卷五十,页二五b—二七a。

程、朱子，亦何所自而释其义乎？[1]

王氏固为复祀汉代经师请命，惟值理学日正当中之际，难获共鸣，故毫不起作用。

到了清初，朴学大师顾炎武首对"贞观从祀制"纯依"传注之功"定祀大加赞扬，并谓深"得古人敬学尊师之意"。他且申言：荀况、扬雄、韩愈"此三人之书虽合于圣人，而无传注之功，不当祀"[2]。至此，孔庙从祀似又回到贞观之制的起始点：以"传注"为"著述"取舍标准。总之，顾炎武对嘉靖改制"以一事之瑕而废传经之祀"至表遗憾，遂有以下的评论：

弃汉儒保残守缺之功，而奖末流论性谈天之学，于是语录之书日增月益，而《五经》之义委之榛芜。自明人之议从祀始也。有王者作，其必遵贞观之制乎？[3]

雍正或许正应验了顾氏期待已久的"王者"，其复祀郑玄、范宁，当稍可慰藉顾氏九泉之灵；况且该时一体从祀的朱门学者，尚不乏经学卓然有成的专家（例如：魏了翁、王柏、陈澔、赵复等）。雍正虽对廷议所上的经师，或以"未为纯儒"（戴圣、何休），或以"仅守一家言"（郑众、卢植、服虔）驳回所请[4]，但他复祀了郑玄、范宁，实已为考证学风预留伏笔。

而清代末叶承乾、嘉余绪，从祀了毛亨（同治二年，1863年）、许慎（光绪元年，1875年）、刘德（光绪二

1　王世贞：《弇州山人四部稿》卷一百一十五《从祀策》，页七上。
2　顾炎武：《原抄本顾亭林日知录》卷十八《嘉靖更定从祀》，页四三一。
3　同上书，页四三一—四三二。末句"其乱遵贞观之制乎"之"乱"字有误，取黄汝成：《日知录集释》卷十四，台北：世界书局，1968年，页三四九。
4　鄂尔泰、张廷玉等奉修：《大清世宗宪（雍正）皇帝实录》卷二十，页二〇上。

年，1876年)、赵岐(宣统二年，1910年)。毛亨、赵岐(约108—约201年)各以对《诗经》《孟子》的训诂驰名，而许慎(约58—约147年)更以"《五经》无双许叔重"望重士林[1]，其获从祀本不足为奇。惟河间献王刘德(?—公元前129年)因修学好古，实事求是，"首开献书之路"，对搜寻、保存古经有绝大奖掖之功。刘氏之获选从祀，应是时儒对其支持考证者有所感念而致。光绪四年(1878年)，朱门学者张伯行得以从祀，或亦基于相似原因。[2]

以上诸儒入祀孔庙无疑各具时代意涵，但就从祀制而言，雍正从祀引进了一个崭新的从祀范畴——"行道之儒"，对后世颇有影响。这个范畴的具体化身便是——诸葛亮(181—234年)。依阎若璩的意见，诸葛亮之所以应从祀的理由，仍不脱朱学之余荫。原来朱熹、吕祖谦合编的《近思录》末卷所列十六位圣贤，除却诸葛氏之外，均曾从祀。[3] 但是诸葛亮于此时此刻获祀孔庙，远非《近思录》所云"诸葛武侯有儒者气象"一语，足以道尽。[4]

明季之乱迫使儒者重视治世之业，当时已有人提议从祀先儒必得"入而有得于道统之微，出而有裨于治统之实"，而"非独取专门著述，高谈性命者"[5]。因此，诸葛亮、陆贽(754—805年)、范仲淹(989—1052年)等有事功的历史人物，遂成从祀的热门人选。瞿九思亦主张"(凡)议从祀，只当论他是仁不是仁，全不必论讲学与不

---

1 孙树义辑：《文庙续通考》，上海：中华书局，1934年，页一上—一四上。
2 同上书，页三七上—六四上。考证与社会制度的关系，可参阅 Bemjamin A Elman, *From Philosophy to Philology: Intellectual and Social Aspects of Change in Late Imperial China*, Cambridge, Mass. And London: Council on East Asian Studies, Harvard University Press, 1984, chapters 3-5。
3 荀况、扬雄均曾入祀孔庙，后方遭罢祀。
4 朱熹、吕祖谦合编：《近思录》卷十四，页三三二。
5 黎景义：《文庙从祀议》[收入吴道镕(1852—1936年)原辑稿，江茂森编：《广东文征》，香港：珠海学院出版委员会，1973年]，卷十七，页一四九上。

讲学"[1],他抨击理学家:

> 不以天下国家为意,则曰纸上闲言,岂可以开物成务?[2]

瞿氏推许诸葛亮"庶几可为均国家之仁者",并及其他经世名臣。[3]

然而身为有明理学殿军的刘宗周(1578—1645年),虽目睹时事之危,却依旧不为外物所动,坚持从祀之典"正主其学,而有功于吾道",而"有功于吾道,则有功于天下万世",切不可以"功能"为从祀之考虑。[4] 刘氏高第黄宗羲(1610—1695年)对其师的人品、学问无不佩服之至,唯独从祀一事却不敢苟同。

黄宗羲对理学家主张"从祀者辨之于心性之微,不在事为之迹",深不以为然。他指陈儒者之业,"盖非刊注《四书》,衍辑《语录》,及建立书院,聚集生徒之足以了事"[5]。黄氏力主汉之诸葛亮,以及唐之陆贽,宋之韩琦(1008—1075年)、范仲淹、李纲(1083—1140年)、文天祥(1236—1283年),明之方孝孺(1357—1402年),皆得从祀。他所持的理由为:

> 此七公者,至公血诚,任天下之重,矻然砥柱于疾风

---

1 瞿九思:《孔庙礼乐考》卷五,页二二 a—b。
2 同上书,页二七 b。
3 同上书,页二一 a—二二 a。瞿氏并言:"汉唐以来,凡定从祀,必须讲学者然后得与。虽世称韩、范、富、欧为五百年名世,文天祥精忠亮节,卓冠千古,亦以未尝立名讲学,不敢轻议。"
4 刘宗周:《刘子全书》卷九,影印清道光刻本,台北:华文书局,1968年,页五上—五下。
5 黄宗羲:《从祀》,《破邪论》(《黄宗羲全集》第一册,杭州:浙江古籍出版社,1985年),页一九三。

狂涛之中，世界以之为轻重有无，此能行孔子之道者也。¹

黄宗羲身受亡国之痛，有此议论，当可理解。康熙五十四年（1715年），清廷以宋臣范仲淹从祀，始于道德、学问之外，兼取经济非常之才²，首开以"立功"从祀的实例。

本来雍正二年（1724年）廷议所上的从祀名册里，诸葛亮之外，尚包括陆贽与韩琦；可是雍正皇帝囿于传统以道学从祀的成见，予以剔除。雍正对陆、韩氏的从祀资格颇有疑问，他坚称：

至若唐之陆贽、宋之韩琦，勋业昭垂史册，自是千古名臣。然于孔孟心传，果有授受，而能表彰羽翼乎？³

然而，雍正只能一时、却不能永久阻止陆、韩二氏入祀孔庙。清代下半叶，内忧外患，战乱频繁，社会失序，清朝国势已岌岌可危，真可说是遭遇"两千年未有之变局"。国家亟求治世名臣以应世变，此一迫切心态见诸孔庙，便是陆贽（道光六年，1826年）、李纲（咸丰元年，1851年）、韩琦（咸丰二年，1852年）之允获从祀，借以讽励非常之材；而国难颇深，忠贞气节尤在褒奖之列，于是刘宗周（道光二年，1822年）、黄道周（道光五年，1825年）、陆秀夫（咸丰九年，1859年）、方孝儒（同治二年，1863年）诸殉难完节者，均获登孔廷。⁴

但道光以下，一连串地从祀名臣，不意间造成国家祭

---

1 黄宗羲：《从祀》，《黄宗羲全集》第一册，页一九三。
2 牛树海：《文庙通考》卷四，页四下。按，范仲淹尚有著述之功。
3 鄂尔泰、张廷玉等奉修：《大清世宗宪（雍正）皇帝实录》卷二十，页二〇上。
4 庞钟璐：《文庙祀典考》卷四十九、五十。

祀系统的混淆。咸丰十年（1860年），朝廷已发现"近来每以忠臣、义士、循吏、名臣率请祔祀"，稍滋冒滥。[1] 而这些受荐者常已享祀"昭忠祠""名宦乡贤祠"，至如李纲、文天祥更已配飨京师的"历代帝王庙"[2]。所以为了厘清祭祀系统，朝廷再三申命：

> 从祀文庙，应以阐明圣学，传授道统为断。……其余忠义激烈者，即入祀昭忠祠；言行端方者，入祀乡贤祠；以道事君，泽及民庶者入祀名宦祠。概不得滥请从祀文庙。其名臣贤辅已经配享历代帝王庙者，亦毋庸再请从祀文庙，以示区别。[3]

清廷并将此一决议纂入则例，永远遵行。既然清廷规定"立功"之臣不得从祀文庙，代之而起则是倡导经世之学的大儒。光绪三十四年（1908年），清廷终于排除抗清的忌讳，把清初三大儒——王夫之、黄宗羲、顾炎武送入孔庙，以奖励经世有用之学。[4]

民国八年（1919年），北洋政府复以讲求"六府""三事""三物"实用之学的颜元（1635—1704年）、李塨（1659—1733年）师徒从祀孔庙。[5] 颜氏之学素以身

---

[1] 庞钟璐：《文庙祀典考》卷五十，页一一上。
[2] 同上。
[3] 同上书，卷五十，页一一上——一一下。
[4] 奕劻：《奏为遵议先儒从祀文庙分别请旨裁定》，台北故宫博物院藏"清代宫中档奏折及军机处档折件一六六一五二号"（光绪三四年九月一日具奏）。本来清廷对黄宗羲、王夫之反清言论仍有疑虑，后得旨一体从祀。
[5] "六府"与"三事"出自《尚书·大禹谟》，谓即"水、火、金、木、土、谷"与"正德、利用、厚生"。"三物"则出自《周礼·大司徒》，谓"六德"：知、仁、圣、义、忠、和；"六行"：孝、友、睦、姻、任、恤；"六艺"：礼、乐、射、御、书、数。颜元以行事为重，谓："（宋儒）集汉晋释、道之大成则可，谓是尧、舜、周、孔之正派，则不可。"见颜元：《上太仓陆桴亭先生书（甲寅）》，《习斋记余》卷三（收入《颜元集》，北京：中华书局，1987年），页四二七。又，民国八年（1919年）一月三日，北洋政府徐世昌颁布"大总统令"，以颜元、李塨师徒"尤以躬行实践为归……有功圣学"，应予从祀孔庙。在《教育公报》第六年第二期（民国八年二月二十日出版），"命令"，页二；复印件见于《政府公报》，台北：文海出版社，1971年。另可参见骆承烈、郭克煜主编：《孔子故里胜迹》，济南：齐鲁书社，1992年，第94—101页。

教、行事为重,颇有"返本主义"的倾向。他对宋儒袖手谈心性的作风极端厌恶,甚谓:"必破一分程、朱,始入一分孔、孟。"[1] 颜元成学之后,悟到"夫子之道在夫子之身","学者学夫子之身"以淑世有为,而"夫子之学"反倒是细枝末节,无关宏旨。在《曲阜祭孔子文》中,颜氏勾勒了对孔子之道切身的体会,并百般嘲讽孔庙从祀诸儒。他言道:

> 群祝师圣……配哲在侧,七十云从,世又益之公羊、后苍以下至周、程、邵、朱、薛、陈、胡、王各派,绵连动百十计,吾子徒益众哉!注解读讲,立院建坛,家呷喔,人占毕,启口诗书,拈笔文墨,吾子道孔明哉!某窃悲盈世尊夫子之名,而未尊夫子之实也;盈世号夫子之徒,而夫子未受一徒也;盈世明夫子之道,而夫子之道久亡也。[2]

但就在颜元对"学"极尽讽刺之能事之后,他与学生李塨却以其"学"、而非以其"行",在距今最近的一次从祀中,获允入祀孔庙。这岂非历史的一大反讽?

六、结论

传统社会的儒生相信:"从祀大典,乃乾坤第一大事。"[3] 这种价值观是现代知识分子所无法理解的。但直至清亡之前,这种意念仍然萦绕在读书人的脑海里。一位自号"梦醒子"的文人竟还说道:

---

[1] 钟錂:《颜习斋先生年谱》卷下,"壬申(一六九二年)五十八岁"条,收入《颜元集》,页七七四。
[2] 颜元:《曲阜祭孔子文》,《习斋记余》卷七,收入《颜元集》,页五二〇。
[3] 瞿九思:《孔庙礼乐考》卷五,页四五 b。

人至没世而莫能分食一块冷肉于孔庙，则为虚生。[1]

可见从祀孔庙的象征意义深烙人心。

析言之，孔庙从祀制即是儒家道统的制度化。清梁廷枏（1796—1861年）说得好，"道"本空虚无形之物，寄于圣贤之身，则有形，有形故曰"统"。[2] 无可否认地，上古原无弟子从祀于师之礼，孔庙从祀较之他礼，实属后起。孔子之徒得以袝祀，显然肇自"徒以师为贵"的道理。依传统的说法则是：

孔子有功万世，宜飨万世之祀；诸儒有功孔子，宜从孔子之祀。[3]

依此，弟子从祀实衍生自孔子之祀。

后儒如何方算有功于孔子呢？明儒程敏政的解答颇为扼要，他说：

诸儒从祀于孔门者，非有功于斯道不可，然道非后学所易知也，要必取证于大儒之说，斯可以合人心之公。[4]

换言之，道本非易知，必须经过历代大儒不断地再阐释、再发扬，方能为后人所理解，也方能亘古常新、与时俱进。

然而人言纷纭，何取何从呢？统治阶层（人君与士大夫）恒求从祀制稳定可循，以便齐治教、定于一。乾隆皇

---

1 刘大鹏遗著，慕湘、吕文幸点校：《晋祠志》卷八《祀至圣》，太原：山西人民出版社，1986年，页二〇一。按，刘大鹏（1857—1942年）别号梦醒子。
2 梁廷枏：《正统道统论》，收入《广东文征》卷三十一，页八八。
3 黄彰健校勘：《明神宗实录》卷一百五十五，页四下。
4 程敏政：《篁墩文集》卷十《龟山先生从祀议》，页一二下—一三上。

帝就对孔庙从祀变动频繁,大感不耐。他批评道:

(从祀)率议更张,忽进忽退,忽东忽西,成何政体![1]

他且认为:

两庑从祀诸人,累朝互有出入。盖书生习气,喜逞臆断而訾典章;就其一偏一曲之见,言人人殊。[2]

乾隆把从祀之变动看成是因儒生个人喜好所致,但事实上从祀亦多援"廷议"以汇集共识。明嘉靖十九年,礼部复薛瑄从祀议即指出"廷议"的功能:

古今祀典重事,必下廷议,集众思,斯于事体为得。[3]

大体而言,议祀本诸"众言折诸圣人,议礼本诸天子"[4]的成规。

雍正曾以文庙从祀,关系学术人心,典至慎重,致要臣下折衷尽善,"庶使万世遵守,永无异议"[5]。但事实上儒生好以自己对"学"的理解,当作圣人的意思,故即使"众言折诸圣人",而圣人面貌言人人殊;因此仅能求一代之同,而不能奢望万代皆同。然而,也正因儒生只能求一代之同,所以从祀制正可相当忠实地反映儒家主流思想的动态。从祀制复代表儒家整体意义的结构,常牵一发而动

---

1 庞钟璐:《文庙祀典考》卷一,页一七下。
2 同上书,页一七上。
3 秦蕙田:《五礼通考》卷一百二十,页五二下。
4 同上书,页五三下。
5 鄂尔泰、张廷玉等奉修:《大清世宗宪(雍正)皇帝实录》卷二十,页一九下—二〇上。

全身。大至从祀判准的更制,小至个别的进退,往往导致从祀制不同的组合与调适,而新进的从祀案例经常返照旧有的序义。譬如:颜元、李塨的衬祀,不但丰富了儒家思想的资源,并且彰显了儒家"实学"的意义。[1]

此外,从祀一事,原非"学术"单一面相足以涵盖。上至朝廷尊荣,下迄儒生利益,无不牵涉其中。因朝廷好借从祀以示文治之隆,所以也常造成朝代之间的竞争。以薛瑄从祀为例,当时儒臣均以明儒未有从祀为虑。杨瞻(1491—1555年)的《从祀真儒以光圣治疏》即透露了此一忧虑,他除了称许薛氏为"本朝理学一人",并言道:

> 宋有天下未及三百年,得入祀孔廷者……凡一十三人。我国家兴道致治百七十年于兹矣,未有一人从祀者。[2]

杨瞻因此仰望皇上以"理学之主"自任。杨氏之言绝非孤例,当时唐顺之便同声附和道:

> 明兴且二百年,弦歌之化畅乎远近,竖子皆知诵法孔氏;而壁宫之侧,至今无一人得俎豆其间者,非所以鼓士气而彰圣朝棫朴之盛也。[3]

唐氏尚取元朝从祀许衡之例以相激,至言道:

> 元之世,且推其臣许衡而从祀焉。我明乃无一人之几于衡者,其不然矣![4]

---

[1] "实学"的含义请参考冈田武彦:《宋明的实学及其源流》,收入台湾学生书局编:《唐君毅先生纪念论文集》,台北:台湾学生书局,1983年,页二三三—二六八。
[2] 杨瞻于嘉靖十八年所上的从祀疏,收入《薛文清公行实录》卷二;收入《薛瑄全集》下册,页一六三四。
[3] 唐顺之:《荆川先生文集》外集卷一《故礼部左侍郎薛瑄从祀议》,页三六七上。
[4] 同上。

隆庆年间，王世贞甚至以当时明儒独无从祀者，归咎为朝廷之过错。[1]

相对地，清廷则以从祀者众而自鸣得意。[2] 清人虽是外来政权，却对儒家文化颇为娴熟。清初君主大肆提升孔庙礼仪，而清代末叶（从道光二年刘宗周从祀，迄宣统二年刘因从祀为止），在短短不到九十年之间，竟连下从祀诏达二十二次之多，为历史上所仅见；从祀者则有三十一位之众。整个清代从祀制通采"有则加勉"的政策，致无一人遭受贬祀。另一方面，清廷垄断孔庙礼仪却极为彻底。孔氏后裔孔继汾（1721—1786年）因整理孔氏家仪，所述礼议与《大清会典》不符，以致惨遭整肃，处境悲凉。[3] 乾隆时，一位休致居家的官员，妄为其父请祀孔庙，竟罹死罪，家产同遭籍没。[4] 这些例子充分显现出人君掌控孔庙祀典的决心。

从祀者因具有儒道正统的地位，官学遂经常取资于从祀者的著作，这便攸关学校教育、科考内容。南宋初，杨时拟罢祀王安石、去新学，立刻引来久习新学诸生的围殴。[5] 又，南宋宁宗时，朝廷申严道学之禁，有人便借机投诉："三十年来，伪学显行，场屋之权，尽归其党。"[6] 这种指控在北宋五子入祀后，便戛然而止，从祀恰似一道最好的护身符。复次，官学与从祀的关系如影随形，明代江门学者唐伯元（约1540—约1598年）素恶阳明新学，他所上的《石经疏》将前述纠结表达得淋漓尽致。他说：

---

1 王世贞：《弇州山人四部稿》卷一百一十五，页五下。
2 庞钟璐：《文庙祀典考》卷五十，页二三上。
3 孔德懋：《孔府内宅轶事：孔子后裔的回忆》，天津：天津人民出版社，1982年，第30—32页。
4 台北故宫博物院文献馆编：《清代文字狱档》第六辑《尹嘉铨为父请谥并从祀文庙案》，影印1934年北平铅印本，台北：华文书局，1969年。
5 佚名：《靖康要录》卷六，页一一下。
6 冯琦、沈越原编：《宋史纪事本末》卷八十，页八七四。

《朱注》之失未远也，如其不为新学所夺也，臣固可以无论也。新学之行未甚也，如其不为朝廷所与也，臣亦可以无忧也。今者守仁祀矣，赤帜立矣，人心士习从此分矣。[1]

因此可以了解，从祀一事为何是儒家必争之地。

作为政治、教育与学术的一个交集，从祀制可视为近人津津乐道的"文化霸权"理论的古典例子；但这只能就政治、教育、学术三种力量汇合的情况而论。事实上，弱势学术团体常能忍受政治打压，获得伸展，这在孔庙从祀史上屡见不鲜。例如：洛学、朱学、王学在不同时代皆曾被冠以"伪学"之名，迭受压制；日后凭借"学术说服力"，终能获得朝廷认可，荣登孔廷，蔚为"斯道正统"。足见学术仍有其自主性，不得一概而论。

总之，历代孔庙从祀制无疑均是一部钦定官修儒学史，十足体现历史上儒学的正统观。由于儒生强调"道统于一，祀典亦当定于一"[2]，使得历代从祀制与道统思想彼此对应，而不同时代的从祀制恰好代表不同的圣门系谱，其中包含了丰富多变的学术讯息，值得我们细心解读。

然而从祀数据的有效性，必得审慎界定，始能发挥最佳效益。由于每一件从祀案原则上必须符合"万世""天下"公论，是故先天上便不能反映"一时""一地"的特殊性。譬如：明清之际的地方学者唐甄（1630—1704年），其思想固不乏时代意义，却难登大雅之堂。又，朝廷绝难容忍存有颠覆性质的思想。是故，明末泰州学派流行虽广，且分布及于妇女、劳工阶层，但从官方的观点，

---

[1] 唐伯元：《醉经楼集》附录《石经疏》，历史语言研究所藏朱丝栏旧抄本，页二三上。
[2] 熊赐：《熊勿轩先生文集》卷四，页五〇。

何心隐（1517—1579年）、李贽（1527—1602年）永远是异端，与孔庙从祀渐行渐远。

最后，从祀制所依据的是道统的论述。像明末清初费经虞（1599—1671年）与费密（1625—1701年）父子以解构"道统"为务，他们的思想既然与从祀的理据相矛盾，那么他们自然与从祀无缘。[1]

---

[1] 费密：《弘道书·统典论》，《费氏遗书·怡兰堂丛书》1920年刊本。

儒教的圣域

《野叟曝言》与孔庙文化

本文初载《当代》第 126 期（1998 年 2 月），第 74—85 页；后收入拙著：《圣贤与圣徒：历史与宗教论文集》，北京：北京大学出版社，2005 年，第 247—258 页。

《野叟曝言》乃为中国篇幅最长的古典小说,此书对台湾的读者尤为亲切,原来轰动一时的电视掌中戏——"云州大儒侠史艳文"即改编自此。[1] 该书原未署名,后经学者考定为清初夏敬渠所撰,因证据确凿,殆无疑问。[2]

夏氏,名敬渠,字懋修,号二铭,江苏江阴人。生于康熙四十四年(1705年),卒于乾隆五十二年(1787年),享龄八十三,在世期间适逢清朝太平盛世。

夏氏原有用世之志,故博经通史,旁涉天文、医术实用之学;无奈命运乖蹇,故恒困场屋,终其身竟怀才不遇,落落寡合。

孔圣有言:"天下有道则见。"[3] 作为儒教忠实信徒的夏氏,诚然将此一教诲烙印于心。譬如他曾自许:

> 士生盛世,不得以文章经济显于时,犹将以经济家之言,上鸣国家之盛,以与得志行道诸公相印证。[4]

夏氏之言不啻意谓大丈夫生处盛世,理当一展抱负、己达达人。然而现实的世界却不遂人意。首先,夏氏与功名无缘,以致徒负经世之志,空无建树。其次,他复身体

---

1 据王琼玲女士访问黄海岱、黄俊雄父子所言。见王琼玲:《清代四大才学小说》,台北:台湾商务印书馆,1997年,第110页,注16。
2 参阅鲁迅:《中国小说史略》,北京:东方出版社,1996年,第195—197页;又,赵景深:《〈野叟曝言〉作者夏二铭年谱》,氏著:《中国小说丛考》,济南:齐鲁书社,1983年,第433—447页。
3 朱熹:《论语集注》(氏著《四书章句集注》,北京:中华书局,1983年),卷四《泰伯第八》,页一○六。
4 夏敬渠著,散情主人点校:《野叟曝言》,西岷山樵"原序",西安:三秦出版社,1993年,页一。

羸弱，穷困潦倒。其实，夏氏永难释怀的便是"邦有道，贫且贱焉"的际遇。[1]

这种屈辱终激发夏氏于晚年构作《野叟曝言》此一长篇巨著，以抒发其现实的挫折感。可是他遭时未遇的心结，并未随之消散。例如：他的好友一度亟请付梓《野叟曝言》一书，令人费解的是，他既以该书不合时宜婉辞于前，复又允人为之评注于后。[2] 这种欲迎还拒的矛盾之情，恰是他内心挣扎的写照。可是夏氏未曾料到，此一推托令《野叟曝言》足足延缓了百余年，方得刊行问世。[3]

简而言之，《野叟曝言》的成书，实由两条轴线交叉而成。一是夏氏亟思弥缝现世挫败的动机，另一则是夏氏独特的表现手法。前者有关内容的取舍，后者则涉及写作的风格。这两条轴线，可由原书卷次编目一览无遗。

《野叟曝言》原本编次以"奋武揆文，天下无双正士；熔经铸史，人间第一奇书"二十字分为二十卷。[4] "奋武揆文，天下无双正士"当是夏氏自我意象的投射，这个期许在夏氏现实的际遇里虽彻底落空，但在小说的世界里却全然实现了。于是故事中的主角——文素臣，不止允文允武，且备沐人君知遇之恩，享尽人间的荣华富贵。

同时，诚如该书"凡例"所示，夏氏旨在"熔经铸史"成"人间第一奇书"。换言之，夏氏以炫才耀学、弥补己志为目的，故处处将自己的诗作与经史见解溶注其中，全书遂以呈现学问为长。后人以此归为清代"才学小

---

[1] 朱熹：《论语集注》卷四《泰伯第八》，页一〇六。
[2] 夏敬渠：《野叟曝言》，西岷山樵"原序"，页一。
[3] 《野叟曝言》最早问世的两个版本，各刊行于光绪七年（1881年）与光绪八年（1882年）。其版本考辨，参阅欧阳健：《〈野叟曝言〉版本辨析》，氏著：《明清小说新考》，北京：中国文联出版公司，1992年，第397—417页。拙文则根据三秦出版社所出版的标点本为依据，该书以光绪八年版为底本；此外，另参考删节的"珍藏本"，由台北的世界书局于1962年出版。
[4] 夏敬渠：《野叟曝言·凡例》，页三。

说"之祖,不无灼见。[1] 本文则拟剖析夏氏在构作《野叟曝言》一书中,所涉及的孔庙文化,借此彰显作者的价值观与学术立场,并且反映孔庙祭祀制度在传统社会的象征意义。

诚如前述,夏氏深以未遇为憾,遂托《野叟曝言》一书以寓己意,故该书主角——文素臣于科考落第之后,便历经险难,所幸凭依智勇双全,终致得君行道,功成名就;随之而至的妻妾成群、子孙满堂、福寿全归,犹不在话下。

走笔于此,全书臻于高潮,并且赢得一个大满贯,作者理应就此落幕打住。可是夏氏偏偏多写了一回,作为全书的结局。乍看之下,似为赘笔之举。其故则是,夏氏竟花了该回全部篇幅,去详述文素臣与其母亲——水夫人,如何在梦幻之境里荣登孔廷。这对当事人而言,或许方为"尽意",然而衡之常理,今人读此恍兮忽兮的结局,势必迷惑难解。

该回光怪陆离,虽不比《圣经·新约》(The New Testament)末章的《启示录》(The Apocalypse),但已足以令人啧啧称奇。其实,夏氏所认同的文化价值在此回发挥到极致。

"孔庙"或"孔子庙"顾名思义,即知为奉祀儒教宗师孔圣之庙。那么孔庙为何在夏氏心目中占有如此重要的地位呢?这就端视孔庙在传统社会所扮演的角色了。在帝制中国,孔庙作为官方祭祀制度,恰是政治与文化两股势力最耀眼的交点。宋末元初的熊鉌(1253—1312年)说过:"尊道有祠,为道统设也。"[2] 此处的"祠",指的即

---

[1] 鲁迅:《中国小说史略》,第195页。
[2] 熊鉌:《熊勿轩先生文集》(《丛书集成初编》第二四〇七册,上海:商务印书馆,1936年),卷四,页四八。

是孔庙。孔子为道统之源，素为儒者所宗；祭祀孔子，即是为了尊崇道统。这点传统的儒生与人君均无异辞。[1]

是故，《野叟曝言》一书的主角取名"文素臣"（文白，字素臣，以字行），作者盖别有深意。孔子固功在人文化成，致受称颂"德侔天地，道冠古今"[2]，然而政治上却有德无位，后代儒生缘此特以"素王"尊崇之。[3] 而"文素臣"三字望文即知为辅佐或荣耀孔圣之意。由此一命名，遂定下《野叟曝言》打僧骂道、维护儒教的基调。

该书末回固有关孔庙事宜，惟全书另有多起涉及孔庙文化。例如：第一百一十七回叙及新皇登基，即"诏告天下，遣官祭告阙里孔子庙"一事。[4]《野叟曝言》故事发生于明朝成化、弘治年间，也就是宪宗、孝宗父子二朝。宪宗史称崇信异教，广建斋醮，而其子——孝宗甫继位则"革法王、佛子、国师、真人封号"[5]，两相比照恰好成为故事发展的分水岭，甚契合夏氏创作的背景。小说中安排宪宗禅让，太子即帝位，即遣官赴阙里，祭告孔子。这便是仿照明朝创业之君——太祖所定下的礼仪规矩。[6] 原来明太祖固然轻蔑儒生，却颇谙运用孔庙象征，以强化统治的意理基础。[7] 太祖初定天下之后，立下诏后代子孙于继承皇位之时，必得遣官阙里，上告孔圣。夏氏铺陈宪宗、孝宗交接皇权之仪，即依据此一令例。

此外，第一百四十回里，朝廷缘文素臣进言，得以尽

---

1 请参阅拙作：《权力与信仰：孔庙祭祀制度的形成》，收入拙著：《优入圣域：权力、信仰与正当性》，北京：中华书局，2010年，第139—183页。
2 "德侔天地""道冠古今"为阙里孔庙称颂孔子的两个牌坊，亦常设于地方孔庙。
3 以"素王"尊崇孔子，自汉儒董仲舒（公元前179—公元前104年）以降，大为流行。
4 夏敬渠：《野叟曝言》第一百一十七回，页一二六四。
5 张廷玉等：《明史》卷十五，台北：鼎文书局，1979年，页一八三。
6 李东阳等奉敕撰，申时行等奉敕重修：《明会典》（万有文库《国学基本丛书》，上海：商务印书馆，1936年），卷九十一，页二〇八〇。
7 请参阅拙作：《道统与治统之间：从明嘉靖九年（1530）孔庙改制论皇权与祭祀礼仪》，《优入圣域：权力、信仰与正当性》，第125—132页。

除释、老二氏，平定四夷；孝宗遂嘱制乐，以为春秋丁祭文庙（孔庙别称）时用之，以表除灭之功。¹ "祭告"孔庙，原为中古以来，国有大事方践行之典。明、清政府对此均有明文规定²，夏氏必甚了然，故行文如此。

除具有上述政治象征之外，阙里孔庙原为儒教发祥地，历史上向是儒生心灵的原乡之所，所以朝拜阙里辄为儒士的夙愿。文人雅士亦恒借阙里之行，抒发文思。³ 有趣的是，夏氏刻意将个人进谒阙里孔庙的诗作，镶嵌到该书里去。譬如：夏氏个人诗文集——《浣玉轩集》中，所收的《阙里谒至圣庙》《诗礼堂》《孔子手植桧》《谒复圣庙》等诗均一一重现在《野叟曝言》第一百四十二回。⁴

在小说里，这几首诗均出自文素臣之孙——文畀之手，而文畀正是不世出的神童，曾以神童应廷试，授翰林编修。夏氏之假托文畀以著录己诗，适透露其自负之情。夏氏复安置文畀旅经曲阜，马骑失控，误闯号称"天下第一家"的"衍圣公府"，致为衍圣公所赏识，特允以婚姻。⁵ 要之，小说里，文素臣一家本以躬承道统自任，此番复与圣裔联姻，令得文家在文化与血缘均能衔接道统一脉，地位愈形非凡。

值得一提的，夏氏令文畀与孔家结亲，反映的不止是文人心态，连皇室亦唯恐落人于后。历史上进谒孔庙最多次的乾隆皇帝，据云于首次莅临孔府即说定将钟爱的女儿

---

1 夏敬渠：《野叟曝言》第一百四十回，页一五五六—一五五七。
2 杜佑：《通典》卷五十三《释奠》，北京：中华书局，1988年，页一四七一—一四七二；赵尔巽等撰：《清史稿》卷八十二《祭告》，北京：中华书局，1994年，页二五〇〇—二五〇一。
3 可略参阅孔祥林、郭平选注：《阙里诗选》，济南：山东友谊书社，1989年。
4 夏敬渠：《野叟曝言》第一百四十二回，页一五七八。参见赵景深：《〈野叟曝言〉作者夏二铭年谱》，页四三八—四三九。又，《阙里谒至圣庙》等诗，都收在《浣玉轩集》的卷四。
5 官方所认可的孔子嫡裔，自汉代以下封爵不一，宋仁宗改称"衍圣公"。明太祖时，朝班一品，列文臣之首。孔继汾：《阙里文献考》卷十八，清乾隆二十七年刻本，页一下—二上。

下嫁孔家,并在乾隆三十七年(1772年)举行盛大的婚礼;结婚前,从京城到曲阜,百官运送嫁妆每日不停,足足运了三个月。[1] 这桩事情,夏氏想必有所耳闻,其在《野叟曝言》刻意令才华出众的文畀与孔家联姻,是否暗示着"有为者亦若是",而攀附孔家并非王室特权而已。

到底孔府具有何种独特的吸引力,令得上自人君,下迄士子,争先恐后与之攀亲带故呢?明末大散文家张岱(1597—1679年)在进谒阙里孔庙时,与孔家人有段对谈极具启发性,适可代为解答。孔家人告诉张氏说:

> 天下只三家人家,我家与江西张、凤阳朱而已。江西张,道士气;凤阳朱,暴发人家,小家气。[2]

"江西张"指的是江西龙虎山道教传承者张氏一系,"凤阳朱"则是起家凤阳的明朝王室。孔门子弟一口气将此二大家比下去,适显其自尊自贵的精神,其所凭借的无非是万世一系的文化贵族意识,其能体现道统纯赖历史演化之赐。[3]

然而综观全书,仍以该书末回蕴藏孔庙文化最为丰富,且最具思想意涵。该回题为"泄真机六世同梦,绝邪念万载常清",叙述的是水夫人、文素臣、文龙(素臣长子)于梦境中所见所闻。

水夫人梦及与天子亲母纪太后俱受邀至"圣母公府",行至该府大殿"胎教堂",见尧母、舜母率领许多后妃夫人降级而迎。这些夫人无非育教得宜,母以子贵。语及坐

---

[1] 孔德懋:《孔府内宅轶事:孔子后裔的回忆》,天津:天津人民出版社,1982年,第24—25页。
[2] 张岱:《孔庙桧》,氏著:《陶庵梦忆》(收入朱剑芒选编:《美化文学名著丛刊》,上海:世界书局,1947年),第10页。
[3] 请参阅拙作:《权力与信仰:孔庙祭祀制度的形成》,《优入圣域:权力、信仰与正当性》,第165—171页。

位席次,尧母、舜母竟称:

此堂序德不席齿,今日之会,更席功不席德;母以子显,德以功高。[1]

力促水夫人与纪后上坐,而尧母、舜母等则拟屈居陪侍之位。水夫人及纪后听此,均吓得"面如土色,惟称死罪"。尧母、舜母遂援孔圣之例,复加敦劝道:

至圣删述六经,垂宪万世,使历圣之道如日中天,其功远过某等之子;席德席功,本该圣母首坐。因共执君臣之义,不肯僭本朝后妃,故列周家二后之下。若太君(水夫人)则时移世隔,可无嫌疑。而老、佛之教尽除,俾至圣所垂之宪,昌明于世,功业之大,千古无伦![2]

是故,纪后首坐,水夫人次之,实为允当。而孟母、程母、朱母从旁复各有说辞,惟其所罗列的理由,有虚拟、有实测。

虚拟的是,夏氏借孟母之口,以明太祖曾谒圣庙、圣林,俱行弟子之礼,建议纪后列坐圣母(孔母)之后,宛如弟子之于师。[3] 太祖之事,纯属子虚乌有。[4] 更何况太祖一度停止天下通祀孔子,且因不满孟子议论,将其罢祀。[5] 夏氏点出代表皇室的纪后犹不敢居孔母、孟母之前,若非反讽,即是补偿作用。

---

1 夏敬渠:《野叟曝言》第一百五十四回,页一七一四。
2 同上书,页一七一四——一七一五。
3 同上书,页一七一五。
4 明太祖曾进谒地方孔子庙、释奠孔子于国学,唯未曾拜谒曲阜圣庙、圣林。参阅张廷玉等:《明史》卷一一卷三。
5 洪武五年(1372年),太祖因览《孟子》,至"君之视臣如土芥,则臣视君如寇雠",谓非臣子所宜言,乃罢孟子配飨。《明史》卷一百三十九,页三九八二;又,孙承泽:《春明梦余录》卷二十一,香港:龙门书店,1965年,页三一下。

实测的是,程母(二程之母)、朱母雅不愿僭位水夫人。他们同声附和道:

> 妾等之子,虽稍有传注之劳,而辟异端、卫圣道,不过口舌之虚;较文母之实见诸行事者,迥不侔矣![1]

于此传统"三不朽"的价值观发生了作用。依前者之言,程、朱固贵于"立言",惟"立德""立功"尚待文氏母子以毕其功。[2] 要之,文母——水夫人在全书的角色,并不比素臣来得轻。西谚云:"伟人背后,常隐藏一位女性的踪影。"此话当真,衡诸中国社会的脉络,这位女性指的定是"母亲"。水夫人早寡,只手抚育、教导文氏兄弟。小说首回开宗明义即说她"贤孝慈惠,经学湛深,理解精透,是一女中大儒"[3]。又水夫人服膺程朱之教,在第六十二回里,家小议论"朱陆异同"时,已为破题。[4] 她既是慈母,且是文家的精神指标;她所揭橥的"义理准则"(intellectual correctness),其实就是作者夏氏本人的学术立场。小说中的文素臣,所思所行只不过是奉行母训。故文母节行特受褒扬。

总之,正值"圣母公府"众说纷纭之际,旋因参照邀宴文素臣的"历圣公府"的席次,遂得定夺。原来"历圣公府"的座席为"各帝王圣贤照旧列坐,素父居末"[5],代表的正是宰制权势的男性世界。而"圣母公府"象征的则是文化至上的女性世界,可是最终仍得屈服于权力的支

---

[1] 夏敬渠:《野叟曝言》第一百五十四回,页一七一五。
[2] 《左传》襄公二十四年载有:"大上有立德,其次有立功,其次有立言,虽久不废,此之谓不朽。"竹添光鸿:《左传会笺》第3册,台北:广文书局,1969年,第22页。
[3] 夏敬渠:《野叟曝言》第一回,页三。
[4] 同上书,第六十二回,页六五一—六六六。水夫人盲道:"《大学》之道,必从穷理入手,故格物为第一义。……当悉心体验程、朱之说,勿以私智小慧,求奇而异论也。"
[5] 夏敬渠:《野叟曝言》第一百五十四回,页一七一五。

配。而"历圣公府"和"圣母公府"预拟的座席秩序恰是现况与未来、现实与理想的对比。

按理"圣母公府"坐席既定,水夫人即届梦醒之时;然而夏氏复节外生枝,安插水夫人于梦境尾端,倏闻陆九渊之母前来申冤,哭诉其子为素臣从孔庙撤主黜祀。[1] 此一情结,夏氏用心,至为显然。

夏氏曾自喻"一宗程朱",而于"陆、王二子,则必辞而辟之"[2]。他宗程朱、斥陆王的立场始终极为坚决。因此,故事中的文素臣,在宗教上不止需铲除佛、老外道;在理学内部,则必进行坚壁清野的工作。而异端陆九渊（1139—1193年）,尤是他攻评的对象,必从孔庙除名而后快。[3] 因此在第一百二十四回中,夏氏假文素臣的奏折"禁生徒传习陆九渊伪学,撤从祀圣庙主"[4]。故事发展一如所料,孝宗嘉纳文氏建言,并"即日行之"。

令人讶异的是,夏氏上述布局完全罔顾史实:第一,宋儒陆九渊在孝宗朝尚未入祀孔庙,根本无从撤祀;第二,虽迟迄世宗嘉靖九年（1530年）,陆氏方允从祀,却从未有废祀的纪录。这些祀典对传统儒生均是耳濡目染的教育常识[5],遑论以文史渊博著称的夏氏了。既知如此,夏氏为何仍要编造背离史实的情节呢?这就耐人寻味了。

为了解开此一谜题,则必得明了孔庙从祀制与传统儒生的互动模式。要之,孔庙祭祀的对象,除却孔子,尚包括朝廷所认可的儒家圣贤;缘此,身后得以从祀孔庙自然成为儒者无上的荣誉。所以传统的儒生相信:"从祀大典,

---

1 夏敬渠:《野叟曝言》第一百五十四回,页一七一六。
2 夏敬渠:《浣玉轩集》卷四〈医学发蒙〉自序,转引自王琼玲:《清代四大才学小说》,第47页。
3 夏氏不攻击王守仁（1472—1529年）,最简单的理由是,在故事的下限时间（孝宗弘治十八年,1505年）,王氏仍旧活着,因此完全没有从祀问题。
4 夏敬渠:《野叟曝言》第一百二十四回,页一三四四。
5 自中古"庙学制"正式建立起来,儒生常在孔庙附设的学校学习经典。

乃乾坤第一大事。"[1] 这种价值观是现代知识分子所难以理解的。但直至清亡之前,这种意念仍然萦绕在读书人的脑海里。一位自号"梦醒子"的文人竟还说道:

人至没世而莫能分食一块冷肉于孔庙,则为虚生。[2]

可见从祀孔庙的象征意义深植士子人心。

必要补充的,孔庙从祀制反映的是时下的道统观,所以从祀人物无法亘古不变。换言之,学术动向和从祀标准,二者如影随形,与时俱迁。明代江门学者唐伯元(约1540—约1598年)的《石经疏》把此一现象表达得极为生动。他说:

新学之行未甚也,如其不为朝廷所与也,臣亦可以无忧也。今者(王)守仁祀矣,赤帜立矣,人心士习从此分矣。[3]

是故,从祀人选不止为政教瞩目的焦点,尤为儒生关切所在。

同理,清初士人动辄以明亡归罪陆、王之学,这点连明末遗老顾炎武(1613—1682年)、王夫之(1619—1692年)皆未能免俗。[4] 那些汲汲鼓吹"返归程朱"的儒者尤同仇敌忾,极尽攻讦之能事,于是撤祀陆、王之声便

---

1 瞿九思:《孔庙礼乐考》卷五,明万历三十五年史学迁刊本,页四五下。
2 刘大鹏遗著,慕湘、吕文幸点校:《晋祠志》卷八《祀至圣》,太原:山西人民出版社,1986年,页二〇一。古人以猪肉祭祀从祀诸儒。按,刘大鹏(1857—1942年)别号梦醒子。
3 唐伯元:《醉经楼集》附录《石经疏》,历史语言研究所傅斯年图书馆藏朱丝栏旧抄本,页二三上。
4 顾炎武:《原抄本顾亭林日知录》卷二十,台北:文史哲出版社,1979年,页五三九;张载撰,王夫之注:《张子正蒙注》(收入中华文化丛书委员会审订兼编修,萧天石主编:《船山遗书全集》,台北:船山学会、自由出版社,1972年),卷九,页一二上。

不绝于耳。例如程朱学者张烈（1622—1685年）大声挞伐："阳明（王守仁）之出，孔、朱之厄。"誓必罢祀王氏方罢休。[1] 有清一代考证的开山学者——阎若璩（1636—1704年），同以维护朱门自任，甚而扬言欲"近罢阳明，远罢象山"[2]。作为程朱忠实信徒的夏氏，自是承此遗绪，图以故事形式罢祀陆氏，以便影响视听，左右孔庙从祀人选。其愤慨之情，似亦不亚于当时攻朱甚力的戴震（1724—1777年），他曾放言：

> 使戴某在，终不许朱子再吃孔庙冷猪头肉。[3]

然而罢祀终是消极的手段，入祀方为万古盛典。因此，夏氏又让代表程朱正统的文素臣在己梦中，见到"薪传殿"，内设：

> 伏羲、神农、黄帝、唐尧、虞舜、夏禹、商汤、周文王、武王、周公、孔子十一座神位，临末一位，红纱笼罩，隐隐见牌位上，金书"明孝宗"三字。旁立皋陶、伊尹、莱朱、太公望、散宜生、颜子、曾子、子思子、孟子、周子、两程子、朱子十四座神位。[4]

最重要的，"临末一位，也是红纱笼罩，隐隐见牌位上，金书文子字样"[5]。此处的"文子"指的正是文素臣本人。而孝宗、素臣均受奉祀，适博得千古君臣相得的美

---

1 张烈：《王学质疑》（《百部丛书集成》据清康熙二十年（1681年）正谊堂全书影印，台北：艺文印书馆，1968年），《附录：读史质疑四》，页一二下、页一四上一一四下。
2 阎若璩：《尚书古文疏证》（《景印文渊阁四库全书》第六册，台北：台湾商务印书馆，1983年），卷八，页九一上一九五下。
3 转引自钱穆：《中国学术思想史论丛》第八册《王白田学述》，台北：三民书局，1980年，第191页。此条资料承池胜昌赐知，谨此致谢。
4 夏敬渠：《野叟曝言》第一百五十四回，页一七一八。
5 同上。

名。除此之外，夏氏创发"薪传殿"的目的何在呢？以奉祀对象而言，不外是"圣君"与"贤相"的配套模式。以历史渊源视之，夏氏显然取法明世宗的"圣师"之祭[1]，或清圣祖的"传心殿"[2]；惟夏氏尚有所损益，其变革之处适透露其儒学精神。

本来元末熊鈇、明初宋濂（1310—1381年）均曾建议，以伏羲为道统之宗，神农等八位圣王以次列祀，配以其他历史名臣，秩祀"天子之学"，而为天子公卿所宜师式。此外，上自天子，下至庶人，另行通祀孔子，则道统益尊。[3]但沦到明世宗、清圣祖手中，却以周公与孔子取代历代名臣，左右配飨，此不啻贬抑孔子的地位。

相形之下，夏氏的"薪传殿"蓄意彰显"周公称王""孔子素王"的陈说，将周公和孔子与诸圣王等量齐观，并排而立；他又别出心裁取颜子迄文素臣列入配飨名臣，使得程朱道脉大放异彩；其宗派意识，至此获得前所未有的发挥。

文素臣的梦中，亦勾勒出理想的世界。前此，武士挖掘出来的人心，"或如佛像，或如菩萨、天尊、神鬼之像"，晚近取出的人心则个个皆是"孔子之像"[4]。由是可知世人心中净洁，只有孔子，而无佛老诸邪。

末了，素臣长子——文龙在其梦境，觌见明太祖以下诸先皇帝，获赐"与国咸休酒"和"同天并老酒"[5]。这两种酒名盖取自乾隆时，著名文人纪昀（1724—1805年）帮衍圣公府所书写的楹联"与国咸休安富尊荣公府第，同

---

1 张廷玉等：《明史》卷五十，页一二九五。
2 赵尔巽等：《清史稿》卷八十四，页二五三二。
3 熊鈇：《熊勿轩先生文集》卷四，页五四—五五；宋濂：《宋学士全集》（《丛书集成初编》第二一〇—二一三三册），卷二十八，页一〇二一。
4 夏敬渠：《野叟曝言》第一百五十四回，页一七一八。
5 同上书，页一七一九—一七二〇。

天并老文章道德圣人家"[1],以象征文家如同孔府圣裔万古流芳,代代尊荣无比。

析言之,水夫人、文素臣、文龙三代祖孙之梦,实环环相扣,从个人至家族、从学术至政治,逐一体现作者的价值观,从而引领我们窥探"道学先生"的心灵世界。在进入此一世界,译码孔庙符号盖不可或缺。古人说:"论古必恕。"惟其能替历史人物设身处地地思量,方不致时空错置,谬以"变态心理"曲解夏氏的艺术成就。[2]

---

[1] 骆承烈、郭克煜主编:《孔子故里胜迹》,济南:齐鲁书社,1992年,第148页。
[2] 比较侯健:《〈野叟曝言〉的变态心理》,氏著:《中国小说比较研究》,台北:东大图书公司,1983年,第33—54页。

儒教的圣域

清末民初儒教的"去宗教化"

拙文特别谢谢余国藩教授的评阅,并提出宝贵的意见。初刊于《古今论衡》第22期(2011年6月),第33—60页;又收入刘笑敢主编:《中国哲学与文化》第十辑《儒学:学术、信仰和修养》,桂林:漓江出版社,2012年,第177—202页;复收入《从理学到伦理学:清末民初道德意识的转化》,北京:中华书局,2014年,第236—281页。

今人习谓儒教非为宗教，实乃近代历史发展的文化心理的积淀。本文则拟探讨近代儒教从国家宗教解体为非宗教的过程。清末民初，康有为（1858—1927年）及梁启超（1873—1929年）师徒二人，恰各自代表了两种截然有异的范式。康氏从改造儒教着手，以基督教为模型，勠力重塑孔教。其徒梁氏则解构孔子作为教主或宗教家的意象，将孔老夫子化约成世俗化的学者专家。观诸后世的发展，梁氏的进路显然占了绝对的优势。

迄今，虽有新儒家奋起，亟以"创造性"的经典阐释，图保存儒教残余的宗教性，但诚如古语所云"皮之不存，毛将焉附"，只有危微精一的"仁"而无有践行的"礼"，儒家与当代社会将只有疏离的关系。

孔子创儒教，为大地教主。
——康有为（1897年）

迄今日，中国人几乎毫无异辞地否定儒教为宗教。
——陈荣捷（1953年）

一、前言

百年来，学界对于儒家、儒教是否为宗教议论纷纷，莫衷一是。唯之前的拙作，则尝试发掘中国帝制时期儒教的宗教形式，并进而探索其确切的性质。姑且不论儒、释、道"三教合一"杂糅的样式，纯就儒教而言，作为儒教圣域的孔庙，乃是"国家祭典"的场所，其所展现的官方与公共宗教的性格,十分显豁。[1]

约言之,中国近代知识分子缘浸淫于西式私人宗教的范式,对孔庙祭祀在传统中国里集体诉求的政教功能,反而习焉不察,令得他们无从捉摸儒教独特的公共性格,遂否定儒教为宗教。而孔庙祭典的兴革,适可发掘此一面相。百年来,对儒教是否为宗教的争议,其答案于此似可窥得一线曙光。

有别于祈求私人福祉的宗教,儒教追求的毋宁是集体式的"国泰民安""文运昌隆"。孔庙祭典的参与者或信众,尤其具有强烈的垄断性,而仅止于统治者与儒生阶层。是故,与一般百姓的关系,自然就相当隔阂。清初的礼学名家秦蕙田(1702—1764年)一语点出百姓对孔子"尊而不亲"的情结[2],不啻道破此中的底蕴。清末的严复(1854—1921年)即见证庶民百姓"无有祈祷孔子者"[3],他说:

> 今支那之妇女孺子,则天堂、地狱、菩萨、阎王之说,无不知之,而问以颜渊、子路、子游、子张为何人,则不知矣。[4]

他又观察道,中国之穷乡僻壤,苟有人迹,则必有佛

---

[1] 请参阅拙著:《作为宗教的儒教:一个比较宗教的初步探讨(上篇、下篇)》,收入黄进兴:《圣贤与圣徒:历史与宗教论文集》,第117—143页;以及拙著:《解开孔庙祭典的符码——兼论其宗教性》,收入田浩编:《文化与历史的追索——余英时教授八秩寿庆论文集》,台北:联经出版事业公司,2009年,第535—558页。英文著述则请参阅 Anthony C. Yu, *State and Religion in China*, Chicago and La Salle, Illinois: Open Court, 2005, ch. 3。此处的"公共宗教"(public religion)与近年西方流行的论述,不尽相同,敬请明辨之。西方近代公共宗教,自有其不同的历史脉络与涵义,请参阅 José Casanova, "Public Religions Revisited," in Hent de Vries ed., *Religion: Beyond a Concept*, New York: Fordham University Press, 2008, pp. 101-119。

[2] 秦蕙田著,卢文弨、姚鼐等手校:《五礼通考》卷一百一十七,桃园:圣环图书公司据味经窝初刻试本影印,1994年,页一下。

[3] 严复:《保教余义》(一八九八年六月七日、八日),林载爵主编:《严复文集编年(一)》(收入《严复合集》第一册,台北:辜公亮文教基金会,1998年),页一五七。

[4] 同上。

寺尼庵，岁时伏腊，匍匐呼吁，则必在是，而无有祈祷孔子者。[1] 连保教甚力的康有为亦不得不坦承："吾教自有司朔望行香，而士庶遍礼百神，乃无拜孔子者。"[2] 这无疑是着眼信仰者的行为而发。

之所以致此，自然是历史演化的结果。始自汉代，孔庙领有官庙地位之后，其政治性格便一步步地深化。这从分析参与祭祀者的成员，立可清楚地反映出来：唐宋之后，孔庙祭祀者无论上自天子、孔家圣裔，下及朝廷命官、地方首长，一律享有官员身份，至于官学的儒生只是参与典礼的陪祭者而已。普通老百姓，甚至闲杂人士，更不得随意参拜。所以孔庙对一般老百姓便显得"尊而不亲"了。

宋代有位儒臣，因辟雍始成，请开学殿，使都人士女纵观，然而却大为士论所贬[3]，可见孔庙的封闭性。又元朝有道诏令适足以说明孔庙独特的境况，这道诏令攸关曲阜庙学的复立，并特别指示有司"益加明絜、屏游观、严泛扫，以称创立之美，敬而毋亵神明之道"[4]。即使下迄清代末叶，孔庙照旧是"非寻常祠宇可比，可以任人入内游观"[5]。足见"游观"孔庙均在禁止之列，遑论随意参拜了。

明末朱国桢（1558—1632年）恭谒孔庙，亦云："入庙，清肃庄严，远非佛宫可拟。"[6] 朱氏的观感透露了

---

1 严复：《保教余义》（一八九八年六月七日、八日），林载爵编：《严复文集编年（一）》（收入《严复合集》第一册），页一五七。
2 康有为：《两粤广仁善堂圣学会缘起》（一八九七年春），姜义华、吴根梁编校：《康有为全集》第二集，上海：上海古籍出版社，1990年，第621页。
3 脱脱等：《宋史》卷三百五十一，台北：鼎文书局，1978年，页一一一〇一。
4 袁桷：《清容居士集》（《四部丛刊初编·缩本》第二九五—二九七册，台北：台湾商务印书馆，1965年），卷三十五《戒饬曲阜庙学诏》，页五一六。此一诏令应是元世祖中统二年（1261年）所颁《先圣庙岁时祭祀禁约搔扰安下》，之后亦屡下类似的诏令。参见佚名撰，王颋点校：《庙学典礼》，杭州：浙江古籍出版社，1992年，卷一，页一二；卷二，页四一—四二。
5 《闻报纪毁圣讹言一则率书其后》，《申报》光绪二十四年四月初十日（1895年5月29日）。
6 朱国桢：《涌幢小品》（《笔记小说大观》二二编第七册，台北：新兴书局，1984年），卷十九，页三上。

孔庙的特质与普通庙宇颇有违异之处。这不禁提醒我们一桩趣事：明末散文家张岱（1597—1679年），其进阙里孔庙，原来竟是"贿门者，引以入"[1]。不但如此，地方孔庙除特定时节，亦门禁森严。举其例：明清时代江南地区士人一遭官方的屈辱，辄往"哭庙"[2]。惟哭庙之前，犹需"于教授处请钥，启文庙门"[3]。可见进孔庙诚非大易事也，而孔庙祭祀的垄断性于此却尽见无遗。析论至此可知，作为儒教圣域的孔庙，其祭典悉由官方所掌控。

清康熙帝晋谒阙里孔庙所御题的"万世师表"[4]，正一语道破儒教主要的信仰阶层不出统治者（帝王师）和士人阶层（儒者之宗）之外，这只要稍加检视孔庙祭典的参与者，立可获得印证。原来孔庙不分中（京师）外（地方），大至春秋释奠，小至朔望祭祀，通由此二集团垄断，而呈现强烈的封闭性。[5] 诚如民初反孔教甚力的章太炎（1869—1936年）指出：

　　（孔子）庙堂寄于学官，对越不过儒士，有司才以岁时致祭，未尝普施闾阎，贻及谣俗。是则孔子者，学校诸生所尊礼，犹匠师之奉鲁班，缝人之奉轩辕，胥吏之奉萧何，各尊其师，思慕反本。[6]

1　张岱：《孔庙桧》，氏著：《陶庵梦忆》（收入朱剑芒选编：《美化文学名著丛刊》，上海：世界书局，1947年），页九："己巳，至曲阜，谒孔庙。贿门者，引以入。"己巳是明崇祯二年（1629年）。这种状况在民初无大改变，蒋维乔于民国二年（1913年）谒曲阜孔庙，仍需"有人引导，持钥启各殿宇"。蒋维乔：《曲阜纪游》，王文濡序，姚祝萱校：《新游记汇刊续编》第一册，卷七，上海：中华书局，1925年，页二〇。
2　陈国栋：《哭庙与焚儒服：明末清初生员层的社会性动作》，《新史学》第3卷第1期（1992年3月），第69—94页。
3　佚名：《辛丑纪闻》，《中国野史集成》第三九册，成都：巴蜀书社，2000年，页二 a。
4　孔继汾：《阙里文献考》卷十四，乾隆二十七年刊本页，三六 a。
5　庞钟璐：《文庙祀典考》卷五，台北：礼乐学会据光绪四年刊本影印，1977年，页九 b—二七 b。
6　章太炎：《驳建立孔教议》（一九一三年），《太炎文录初编》（收入《章太炎全集》第四册，上海：上海人民出版社，1985年），文录卷二，第195页。

观此,孔子仅止为儒生的守护神。

然而梁启超在晚清所上的《变法通议》中却感叹道:

入学之始,(文昌、魁星)奉为神明,而反于垂世立教大成至圣之孔子,薪火绝续,俎豆萧条,生卒月日,几无知者。[1]

他复指出当时的学塾:

吾粤则文昌、魁星,专席夺食,而祀孔子者殆绝矣![2]

这与俗称"孔子虽三尺童子,皆得以祀之、尊之"的刻板印象大有出入。[3]

文昌、魁星向来认为是司命、司禄之神,与百姓有切身的关系,相较之下,孔子神格则显得模糊而遥远。梁氏的同侪谭嗣同(1865—1898年)也抱怨"府厅州县,虽立孔子庙,惟官中学中人,乃得祀之……农夫野老,徘徊观望于门墙之外,既不睹礼乐之声容,复不识何所为而祭之",毋乃为一势利场所而已。[4]

上述的背景适可解答康有为改造儒教的方向。

二、流产的宗教改革:康有为的孔教运动

一般认为康有为"创立"了孔教,究其实则不然。康

---

[1] 梁启超:《变法通议》(一八九六年),《文集之一》(《饮冰室文集》第一册,台北:台湾中华书局,1960年),第49页。
[2] 同上。
[3] 张璁:《谕对录》(收入《四库全书存目丛书》史部第五七册,台南:庄严文化事业公司据明万历三十七年蒋光彦等宝纶楼刻本影印,1996年),卷二十二,页二四b。
[4] 谭嗣同:《仁学》第四十节,蔡尚思等编:《谭嗣同全集》下册,北京:中华书局,1981年,第353页。

有为的高第梁启超称誉其师为"孔教之马丁·路得"[1]（Martin Luther，1483—1546），无意供出：康氏实际上是对传统儒教进行了改造的工作。[2]

首先，康有为极早即将"孔教"与佛教、耶教、回教同视为"教"（宗教）的范畴。[3] 他在二十岁之前（1877年前）所撰的《性学篇》业表达此一观点，他言道：

> 今天下之教多矣，于中国有孔教，二帝三皇所传之教也，于印度有佛教，自创之教也，于欧洲有耶稣，于回部有马哈麻，自余旁通异教，不可悉数。[4]

依康氏之见，"孔教"并非无中生有，乃"二帝三皇所传之教"，其存在系不争的历史事实。康氏虽未细言孔教的性质，但他确实将孔教与其他宗教等量齐观。然而世变日亟，康氏受了耶教与教案的刺激，必须以"保教"为手段，达到"保国""保种"的目的。他保教的方式便是对固有儒教加以改造，以动员国人，应付新世纪的挑战。

甲午战后，康氏在所呈的《上清帝第二书》（1895年），于诸多建言之中，业已发觉耶教于"直省之间，拜堂棋布"，而吾县境内仅有孔子一庙，甚不成比例；于是建请"乡落淫祠，悉改为孔子庙，其各善堂、会馆俱令独祀孔子"[5]。复仿效耶教派遣传教士至海外宣传圣教，尤其南洋一带，侨民众多，宜每岛设教官，立孔子庙。观此，

---

1 梁启超：《南海康先生传》（一九〇一年），《文集之六》（《饮冰室文集》第二册），第67页。
2 详论请参阅拙著：《作为宗教的儒教：一个比较宗教的初步探讨》，第117—143页。
3 关于"宗教"一词于近代中国文化史的意涵转变，可参见陈熙远："宗教"：一个中国近代文化史上的关键词》，《新史学》第13卷第4期（2002年12月），第37—66页。
4 康有为：《性学篇》，汤志钧编：《康有为政论集》上册卷一，北京：中华书局，1981年，第13页。
5 康有为：《上清帝第二书》（一八九五年五月二日），《康有为全集》第二集，第97页。

康氏深谙"借传教为游历,可诇夷情,可扬国声"之道。[1]

尔后,康氏又拟打破历来官方垄断的形式,借"圣学会"名义,广建民间"善堂",以弥补孔庙的不足。因为中国境内"善堂"林立,但仅为庶人工商而设,而深山愚氓,几徒知关帝、文昌,而忘有孔子一事,士大夫亦鲜有过问者。他说:

> 外国自传其教,遍满地球,近且深入中土。顷梧州通商,教士猬集,皆独尊耶稣之故,而吾乃不知独尊孔子以广圣教。[2]

康氏遂建议广立善堂或学堂以特奉孔子,宣传圣教,其业务甚至涵盖劝赈赠医、施衣施棺诸善事,倚此与庶民生活连结。

其实,康有为的孔教改革方案并非孤鸣独发;约略其时,有位同样自居为"中国的马丁·路德"的宋恕(1862—1910年),亦持有相同的看法。宋氏拟托孔子之古,以变法维新。由其自我期许的角色,显见他极为清楚自身在孔教发展史的定位。[3] 他感慨今日中国号称尊儒教,但是孔庙荒草没庭,间有任职者,不过教以科举之学,于世道人心毫无裨益。[4] 他遂提出下列的改革方案:

> 今宜重教官之任,改用本县人,归议院绅生公举;依西国礼拜期,集诸生礼拜孔子,歌诗讲学。诸生除客游者

---

1 康有为:《上清帝第二书》(一八九五年五月二日),《康有为全集》第二集,第97页。
2 康有为:《两粤广仁善堂圣学会缘起》(一八九七年春),《康有为全集》第二集,第620页。
3 宋恕:《六字课斋卑议(初稿)》(一八九二年四月),胡珠生编:《宋恕集》上册,北京:中华书局,1993年,第2页。
4 宋恕:《六字课斋卑议(初稿)》(一八九二年四月)《变通篇·礼拜章第三十六》,《宋恕集》上册,第36页。

外,在城者不许旷礼拜,在乡者分班轮到;农工商诸色人等欲随同诸生礼拜、歌讲者,听。[1]

"农工商诸色人等欲随同诸生礼拜、歌讲者,听"的确是孔庙祭典的一大突破,特为点出。宋氏又仿西国之法,"劝民多创礼拜堂,奉孔子神主,按七期礼拜、歌讲,如官庙法"[2]。所谓"官庙法",指的正是依官方祭典所立的孔庙。唐贞观四年(630年),朝廷规定"州、县学皆作孔子庙"[3];从此为历代所遵循,变成帝国制度的环节,但县以下广袤的地域,则无所措置。

有鉴于此,康氏诸君方议立善堂、学堂,以弥补官方孔庙建制之不足。宋恕的友人——周焕枢(1858—?)更拟仿基督教的"耶稣会",组织"翼圣教会"以辅佐孔教;更欲将《论语》《孝经》演做白话土语,使农民、妇女皆喻晓,仿效基督教所传的《新约圣书》。[4]

诸凡上述种种举措,均在打破"孔教者,士人之宗教"的封闭性,而同基督教看齐,以扩大信仰阶层。孔教的封闭性,则直如守旧者叶德辉(1864—1927年)所云:"孔教者,人心之所系也;士大夫者,又孔教之所系也。"[5] 转译成今人的阶级语言则是:"孔子为士之阶级之创造者,至少亦系其发扬光大者,而中国历代政权,向在士之手中,故尊孔子为先师先圣。此犹木匠之拜鲁班,酒家之奉葛仙也。"[6] 是故维新分子虽拟聚众,仿"耶教礼拜

---

1 宋恕:《六字课斋卑议(初稿)》(一八九二年四月)《变通篇·礼拜章第三十六》,《宋恕集》上册,第36页。
2 同上。
3 欧阳修、宋祁:《新唐书》卷十五,台北:鼎文书局,1980年,页三七三。
4 宋恕:《书周焕枢〈大建素王教会议〉后》(一八九七年十月),《宋恕集》上册,第283页。
5 叶德辉:《叶吏部与南学会皮鹿门孝廉书》,苏舆编,杨菁点校,蒋秋华、蔡长林校订:《翼教丛编》卷六,台北:文哲研究所,2005年,页三五一。
6 冯友兰:《孔子在中国历史中之地位》(一九二七年十一月九日),氏著:《三松堂学术文集》,北京:北京大学出版社,1984年,第131页。

堂仪注,拜孔子庙",但诚如叶德辉所指陈:

> 若以施之于乡愚,则孔庙不能投杯筊,而乡愚不顾也;若以施之于妇人女子,则孔庙不能求子息,而妇女不顾也。[1]

叶氏的反对,恰透露孔庙与普通民众的距离。

约言之,康氏改革儒教的想法极早即见诸《新学伪经考》(1891年)、《孔子改制考》(1892—1898年)诸书。例如《孔子改制考》里便宣称:

> 孔子为教主,为神明圣王,配天地,育万物,无人、无事、无义不围范于孔子大道中,乃所以为生民未有之大成至圣也。[2]

是故,所谓孔子改制、制作六经的言说,无非为孔子做教主、立"孔教"铺路。

惟康氏有关孔庙改制最完整的观点,则分别见诸光绪二十四年(1898年)上疏朝廷的奏折:《请尊孔圣为国教立教部教会以孔子纪年而废淫祀折》[3],以及民国二年(1913年)上书北洋政府的《以孔教为国教配天议》[4]。前者,盖属维新变法的一部分;后者,则由袁世凯

---

[1] 叶德辉:《叶吏部与刘先端、黄郁文两生书》,《翼教丛编》卷六,页三四四。
[2] 康有为:《孔子改制考》卷十,《康有为全集》第三集,第284页。
[3] 康有为:《请尊孔圣为国教立教部教会以孔子纪年而废淫祀折》(一八九八年六月十九日),原录于康氏:《戊戌奏稿》(宣统三年铅印本),今收入《康有为政论集》上册卷一,第279—284页。另,是折经过修饰而改写,及本诸近日发现的原折《请商定教案法律,厘正科举文体,听天下乡邑增设文庙,并呈〈孔子改制考〉,以尊圣师保大教绝祸萌折》,收入黄明同、吴熙钊主编:《康有为早期遗稿述评》,广州:中山大学出版社,1988年,第287—292页。最早发现此一奏折有问题为黄彰健先生,见《康有为"戊戌奏稿"辨伪》一文,氏著:《戊戌变法史研究》,台北:历史语言研究所,1970年,第555—557页。黄先生发伪源于文本内部考证,日后方有原折出现以资印证,先知灼见,令人折服。
[4] 康有为:《以孔教为国教配天议》(一九一三年四月),《康有为政论集》下册卷三,第842—859页。

（1859—1916年）主政。毋论前后之分，二者均无法与时政切割。是故，维新的中辍与袁世凯的下台，不啻注定孔教革新的失败，以致孔教蒙受污名化，匆匆落幕。

可是，犹有一疑团待解：既然祭孔已列国家祀典，为何康有为必须在节骨眼上另立名目，以孔教为"国教"呢？梁启超提供了一个简洁扼要的答案："惧耶教之侵入，而思所以抵制之。"[1] 然而梁氏却未尝道出：国家祀典纯属官方少数菁英，而"国教"则事涉群体大众。

总之，康氏立孔圣为国教的意见，固为其一贯的主张，但突然于光绪二十四年（1898年）五月一日上疏，与四月京师传入德人毁坏山东即墨文庙的事件有关。其徒梁启超曾联合公车上书都察院，请严重交涉。[2] 梁氏等的《公启》即云："山东即墨文庙孔子像被德人毁去……吾教之盛衰，国之存亡，咸在此举。"[3] 这便是康氏上疏最直接的导火线。

康氏所上"尊孔圣为国教"的奏疏，一言以蔽之，则是"听民间庙祀先圣"[4]，教存则国存，其余均是枝节。康氏感慨中国淫祠遍地，重为欧、美所怪笑，以为无教之国民[5]；反观"欧、美之民，祈祷必于天神，庙祀只于教主，七日斋洁，膜拜诵其教经，称于神名……此真得神教之意"，而回视我国国民"惟童幼入学，读经拜圣，自稍长

---

1 梁启超：《保教非所以尊孔论》（一九〇二年），《文集之九》（《饮冰室文集》第二册），第53页。
2 见丁文江：《梁任公先生年谱长编初稿》卷七"光绪二十四年戊戌（公历一八九八年）先生二十六岁"，台北：世界书局，1972年，第53页。
3 梁氏等署名的《请联名上书查办圣像被毁公启》，转引自林克光：《革新派巨人康有为》，北京：中国人民大学出版社，1998年，第207页。德军在一月侵入即墨县，拆毁孔子像，挖去子路双目。地方官畏事，徒掩盖，四月方传入京城，士论哗然，一时公车异常愤慨，联合上书。又，丁文江提及梁启超等上书都察院的《公启》，刊于光绪二十四年闰三月十七日《国闻报》（公历1898年5月7日）。见丁文江、赵丰田编：《梁启超先生年谱长编（初稿）》卷七，第53页。
4 康有为：《请尊孔圣为国教立教部教会以孔子纪年而废淫祀折》（一八九八年六月十九日），《康有为政论集》上册卷一，第279页。
5 同上书，第280页。

出学，至于老死，何尝一日有尊祀教主之事"[1]。康氏遂一改初衷，除了原先倡导兴建善堂、学堂，并进而建请朝廷"废所有淫祠，皆以改充孔庙"，并定制"自京师城野省府县乡，皆独立孔子庙，以孔子配天，听人民男女，皆祀谒之"，甚至达到"乡千百人必一庙""所有乡市，皆立孔教会"的程度。[2] 诸此无非"视彼教堂遍地，七日之中，君臣男女咸膜拜"，而"文庙在城而不在乡，有一庙而无二庙"[3]。简而言之，康氏亟思和耶教地方教堂相抗衡。

至于为何中国境内会"淫祠"林立呢？康氏是这样排解的：

> 今自学官尊祀孔子，许教官诸生岁时祀谒外，其余诸色人等，及妇女皆不许祀谒，民心无所归，则必有施敬之所。地方必有庙，则必有所奉之神，以兹大事，功令又不为正定，奉祀何神，朝廷既听民立庙，不加禁止，一任人民，自由举措。夫小民智者少而愚者多，势必巫觋为政，妄立淫祠，崇拜神怪，乃自然之数矣，积势既久，方将敬奉之不暇，孰敢与争。[4]

康氏明了中国向为多神之俗，"祈子则奉张仙，求财则供财神，工匠则奉鲁班，甚至士人通学，乃拜跳舞之鬼，号为魁星，所在学宫巍楼，高高坐镇，胄子士夫，齐祈膜拜，不知羞耻，几忘其所学为何学"[5]。康氏的观察既

---

1 康有为：《请尊孔圣为国教立教部教会以孔子纪年而废淫祀折》（一八九八年六月十九日），《康有为政论集》上册卷一，第280页。
2 同上书，第282—283页。
3 康有为：《请商定教案法律，厘正科举文体，听天下乡邑增设文庙，并呈〈孔子改制考〉，以尊圣师保大教绝祸萌折》，《康有为早期遗稿述评》，第290页。
4 康有为：《请尊孔圣为国教立教部教会以孔子纪年而废淫祀折》（一八九八年六月十九日），《康有为政论集》上册卷一，第280页。
5 同上书，第279页。

准确又传神,却未尝道出"孔子之祀"乃国家祀典,非百姓得以觊觎。时人便指证:

> (外人)鄙我为无教之国,良由我国政府体制太严。其崇祀孔子也,除各直省府州县勒建文庙而外,其余民间所尊崇者,惟释迦牟尼、老子道君;梵宫道观,棋布星罗。即读书种子,日诵孔孟之书,肩担孔孟之道,亦且崇祀文昌魁星诸神,而置孔子于不顾。[1]

康氏复把孔庙与百姓的隔阂,归罪于康熙时期的御史吴培(乾隆十三年进士)。吴氏始奏禁妇女入孔庙烧香,自是禁民间庙祀孔子,以为尊崇先圣,岂知圣教自此不及于民,其罪可诛。[2] 其实如前所述,宋代有位儒臣,即因辟雍始成,请开学殿,使都人士女纵观,然而却大为士论所贬,可见孔庙的封闭性自古已然。

其次,值得注意的,康氏既然抱怨中国"淫祠遍地",为何又声称中国人系"无教之国民"呢?此即牵涉康氏心目中所持"宗教"的理想形态(ideal type)。一旦掌握了康氏系以一神教的西教为参照,即不难理解此中缘故。这又说明康氏必须立孔子为教主的根本原由。他取该时基督教的形式改造儒教,以孔子比附耶稣,塑模出他所谓的孔教,甚至达到亦步亦趋的地步,遂有"教主"(耶稣)、"教部"(罗马教廷)、"教会"(地方教堂)、"孔子纪年"(耶稣纪元)之议。

尤其令人难以理解的是:迥异于历来祭孔的祀典,康

---

[1] 王雨邨:《吉隆华商倡祀孔子》,原刊《天南新报》第395号(1899年9月26日),收入梁元生:《宣尼浮海到南洲:儒家思想与早期新加坡华人社会史料汇编》,香港:中文大学出版社,1995年,第149—150页。
[2] 康有为:《请尊孔圣为国教立教部教会以孔子纪年而废淫祀折》(一八九八年六月十九日),《康有为政论集》上册卷一,第281页。

氏竟然提议以"孔子配天"。"祭天"本为天子的专擅之礼，非臣民所得而行[1]，然而"民间岁时向空，无不祀天"，官方向来难以禁绝。[2]是故，康氏拟以"孔子配天"，不只可以满足百姓的信仰需求，复可借力使力将祭孔普遍化。惟其底蕴犹不出耶教的原始模型，盖康氏以"天"比拟为"上帝"，"孔子配天"则仿若耶教之膜拜上帝。

另外，康氏在光绪二十四年奏折中，尚有一项处理涉外教案的提议值得一提，即令地方遍立"孔教会"，其上则以衍圣公为"会长"，总司其成。该组织仿效西方教皇国，听天下人入会；并令天主、耶稣教各立会长，参与议定教律。凡有教案，一律归教会，按照教律商办，国家不与闻。凡有涉外教案，则由衍圣公代表处理，如此则可避免中外国力直接涉入，造成难以收拾的冲突，确不失为"以教制教"的权宜办法。[3]

诸如种种，均难逃时人的法眼。例如维新支持者陈宝箴（1831—1900年）即道出：

（逮）康有为当海禁大开之时，见欧洲各国尊崇教皇，执持国政，以为外国强盛之效，实由于此。……而孔子之教散漫无纪，以视欧洲教皇之权力，其徒所至，皆足以持其国权者不可同语。是以愤懑郁积，援素王之号，执以元统天之说，推崇孔子以为教主，欲与天主耶稣比权量

---

[1] 刘师培：《论中国古代信天之思想》，万仕国辑校：《刘申叔遗书补遗》，扬州：广陵书社，2008年，第53页。

[2] 康有为：《请尊孔圣为国教立教部教会以孔子纪年而废淫祀折》（一八九八年六月十九日），《康有为政论集》上册卷一，第281页。民间甚早即流行"天地君亲师"的信仰，参见余英时：《"天地君亲师"的起源》，氏著：《情怀中国——余英时自选集》，香港：天地图书有限公司，2010年，第74—80页。

[3] 康有为：《康南海自编年谱》，北京：中华书局，1992年，第44页。此一意见为日后改写奏折所遗漏，参阅《请奏定教案法律，厘正科举文体，听天下乡邑增设文庙，并呈〈孔子改制考〉，以尊圣师保大教绝祸萌折》，《康有为早期遗稿述评》，第288—289页。

力，以开民智，行其政教。[1]

"推崇孔子以为教主，欲与天主耶稣比权量力，以开民智，行其政教"，不啻宣泄康氏重塑孔教的底蕴。惟必须稍加提示的是，康有为所了解的基督教系启蒙运动以降的样态，基督教在历史上自有其繁复的面貌。[2]

康氏的孔教运动最后虽然不了了之，但其时却不乏附和者。[3] 民初孔教会遍布数百县，康氏到地方讲演，绅商学界听众曾经动辄上万[4]，尚且还分布海外。[5] 民国肇建之后，他四处为"孔教会"奔走，盖深忧辛亥革命推翻帝制、成立共和，孔子之祀遂亦"际亘古未有之变，俎豆废祀，弦诵绝声"[6]。的确，儒教的圣地——孔庙，在民初遭受到空前但非绝后的破坏[7]，况且蔡元培（1867—1940年）甫上任教育总长，即废止学校读经[8]，凡此均不利于孔教的传布，故康氏亟与新成立的共和政体挂钩。[9] 他深悉祀孔乃帝制不可分割的一环，而帝制解体，必将导致祀

---

[1] 陈宝箴：《奏厘正学术造就人才折》（一八九八年），中国史学会主编，翦伯赞等编：《戊戌变法》第二册，上海：神州国光社，1955年，第358页。
[2] 简略的基督教发展史可参阅 Jaroslav Pelican, "Christianity", in Mircea Eliade ed., *The Encyclopedia of Religion*, New York: Simon & Schuster Macmillan, 1995, vol. 3, pp. 348-362。
[3] 纵使其徒梁启超改变了"保教"的立场，仍承认"康有为大倡设孔教会、定国教、祀天、配孔诸议，国中附和不乏"。参见梁启超：《清代学术概论》，《饮冰室专集之三十四》（《饮冰室合集·专集》第10册；上海：中华书局，1936年），第二十六节，第63页。
[4] 康有为：《陕西孔教会讲演》（一九二三年十一月十七日），《康有为政论集》下册卷三，第1107页。
[5] 参阅梁元生：《宣尼浮海到南洲：儒家思想与早期新加坡华人社会史料汇编》。
[6] 康有为：《致北京孔教会电》（一九一三年十一月），《康有为政论集》下册卷三，第921页。康有为的《复教育部书》（一九一三年五月）中，载有陈焕章的证词：民国始立，"教育部既废孔教，于是全国文庙多被破坏"。见同书，卷三，第867页。
[7] 北京师范大学历史系中国近代史组编：《中国近代史资料选编》下册，北京：中华书局，1977年，第296—302页。
[8] 参阅高平叔编：《蔡元培年谱长编》卷一，北京：人民教育出版社，1998年，第400—401页，"一九一二年一月十九日"条："制定《普通教育暂行办法》……转发各学校一体遵行。……小学废止读经。"
[9] 康有为：《中华救国论》（一九一二年六月），《康有为政论集》下册卷三，第699—731页。

孔无所依托。因此不难理解甫创立的"孔教会",立即将"定孔教为国教"的议题提升至宪法的层次。居间虽然得到守旧分子与地方军阀的奥援,昙花一现,惟入宪之事最终仍功败垂成,惹得一身恶名。[1]"孔教"运动的落幕,适意味传统儒教由国家宗教转型的彻底挫败。

关于此点,鲁迅(1881—1936年)复有一段颇为传神的叙述。他说:

> 种种的权势者便用种种的白粉给他(孔子)来化妆,一直抬到吓人的高度。但比起后来输入的释迦牟尼来,却实在可怜得很。诚然,每一县固然都有圣庙即文庙,可是一副寂寞的冷落的样子,一般的庶民,是决不去参拜的,要去,则是佛寺,或者是神庙。若向老百姓们问孔夫子是什么人,他们自然回答是圣人,然而这不过是权势者的留声机。[2]

鲁迅之所以说权势者一直把孔子抬到吓人的高度,无非着眼历史上的王朝往往以儒教作为治国的依据。

职是之故,为了弥补儒教与庶民的隔阂,康有为、陈焕章(1880—1933年)于改革孔教中,必得效法西式教堂,开放孔庙以广纳一般的老百姓,并且必须打破儒家"礼闻来学,不闻往教"的成规,"发愤传教"[3]。

总而言之,康有为"孔教"改革的失败,在不同历史情境,分别涵蕴两种截然不同的意义。首先在晚清,由于

---

[1] 民初的康有为备受非议,竟连梁漱溟都说别人他都极尊重,唯独康南海除外。梁漱溟:《东西文化及其哲学》自序、第四章,香港:自由学人社,1960年,第4、136—137页。初版为1921年。

[2] 鲁迅:《在现代中国的孔夫子》(一九三五年四月二十九日),《且介亭杂文二集》(收入《鲁迅全集》第八卷,台北:唐山出版社,1989年),第102页。

[3] 陈焕章:《孔教论》,《民国丛书》第四编第二册,上海:上海书店据孔教会1913年版影印,1992年,第61—62页。

帝制犹存，孔教改革的中辍仅代表儒教由国家宗教（state religion）普及为个人宗教（personal religion）、由公共宗教（public religion）转型为私人宗教（private religion）的顿挫；然而民初康氏再次的叩关，却弄巧成拙，加速儒教作为国家宗教的全面崩解。从此，作为宗教的儒教在民国体制无所挂搭，骤成文化的游魂。这应该是顾颉刚（1893—1980年）所说"孔教是一个没有完工的宗教"[1]的正解。而影响所及，迄今犹将"儒教"排除于"宗教"的范畴之外。

三、反孔教的声浪

首先，"孔教"最初的敌对者，当然是反维新分子，这里难免掺杂了相异的政治立场。举叶德辉为例：他相信"孔教为天理人心之至公"，却认为"孔不必悲，教不必保"[2]，尤其反对立"孔子为教主"[3]。

其次，则是与今文学派站在对立面的古文学家，例如章太炎与刘师培（1884—1919年）。章氏彻头彻尾不屑康、梁倡言孔教[4]；刘师培亦反对孔子托古改制之说，以为孔子所立六经，皆周史所藏"旧典"，并称："孔子者，中国之学术家也，非中国之宗教家。"[5] 凡此均是针对康有为取法耶教，刻意将孔子塑造成"创儒教，为大地教主"而发。

但说来反讽，影响最巨的反孔教枢纽人物，却系原本支持其师孔教运动不遗余力的梁启超。梁氏缘受严复、黄

---

[1] 顾颉刚：《春秋时的孔子和汉代的孔子》（1926年10月3日在厦门大学演讲），《古史辨》第二册，台北：明伦出版社据朴社1930年初版影印，1970年，第138页。
[2] 叶德辉：《叶吏部明教》，《翼教丛编》卷三，页一四一——一四六。
[3] 叶德辉：《叶吏部读西学书法书后》，《翼教丛编》卷四，页二五九。
[4] 汤志钧编：《章太炎年谱长编》上册，北京：中华书局，1979年，第38—41页。政治上章氏为革命派，该时的刘师培亦投入革命阵营，日后才有变化。
[5] 刘师培：《论孔教与中国政治无涉》（一九〇四年），李妙根编：《刘师培论学论政》，上海：复旦大学出版社，1990年，第343页。

遵宪（1848—1905年）的影响，骤然阵前倒戈，高举"保教非所以尊孔"的大纛，极大削弱了孔教运动的声势。

梁启超早先追踵康有为，鼓吹"孔教"。迨严复于光绪二十二年（1896年）通函晓示"教不可保，而亦不必保""保教而进，则又非所保之本教"的道理[1]，梁氏信心始受动摇。惟其时梁氏犹"依违未定"[2]，汲汲于成立"保教公会"，视"保国""保教"为连体婴，互为凭靠。他言道：

> 居今日而不以保国保教为事者，必其人于危亡之故，讲之未莹，念之未熟也。[3]

此一主张，日后纳入其师始倡的"保国会"，该会讲求"保国、保种、保教"之事，以为议论宗旨，梁氏出力尤多。[4]

然而梁在流亡日本的第三年（1902年），却公开放弃早先立孔教为国教的主张。所有关于这一转变的理由，都可以归之于他对整体中国利益的考虑。对他来说，宗教的重要性与其说是信仰本身，毋宁说是可以振兴中国。这也说明他日后之所以赞同佛教，原寄望所有中国人都可以经由佛教信仰而培养一体感，在必要的时候为国家利益而牺

---

1 梁启超：《与严幼陵先生书》（一八九六年），《文集之一》（《饮冰室文集》第一册），第109页。丁文江系此函于光绪二十三年（1897年），盖有误。校之严复《与梁启超书一》，知必不早于光绪二十二年十月。参校丁文江：《梁任公先生年谱长编初稿》卷六，页四二；严复：《与梁启超书一》（一八九六年十月），《严复文集编年（一）》，第104—106页。该函普语及梁氏拟习拉丁文之事。
2 黄遵宪：《致梁启超函》（一九〇二年五月），陈铮编：《黄遵宪全集》上册，北京：中华书局，2005年，第426页。
3 梁启超：《复友人论保教书》（一八九七年），《文集之三》（《饮冰室文集》第一册），第11页。
4 康有为：《保国会章程》（一八九八年四月十七日），《康有为政论集》上册卷一，第233—236页。梁氏与"保国会"的关系，参见丁文江：《梁任公先生年谱长编初稿》卷七"光绪二十四年戊戌（西元一八九八年）先生二十六岁"，页五〇—五三，"开保国会于京师"一节。

牲小我。[1] 事实上，梁所关心的，不是任何特别的宗教或者它们的原始形式，而是宗教信仰所能为现代国家扮演的功能。换言之，梁把宗教当作一种精神动员的方法，用来诱导、催引潜在的政治能量。析言之，终其一生，"国"方为梁氏的终极关怀。[2]

回溯光绪二十四年（1898年），梁与其师康有为咸认为，西方兴起的动力实肇自基督教对于西方国家的影响。所以，当康有为热烈地主张立孔教为国教，作为康的门徒，梁起初毫无保留地支持此一运动，并把它与保国联在一起，《复友人论保教书》（一八九七年）与滞日所撰的《论支那宗教改革》（一八九九年）均为此一阶段的护教之作。[3]

然而，梁为此运动的奋斗并不很久。严复与黄遵宪的劝告，终令梁思绪为之改观，转而认定"宗教者，专指迷信宗仰而言"，立孔教于一尊必将束缚国民思想，妨碍中国的进步与改革，尤其西方基督教的没落，更坚定了他"教不必保"的看法。[4]

黄遵宪的规劝足为代表，他致函梁说道：

（康）南海见二百年前天主教之盛，以为泰西富强由于行教，遂欲尊我孔子以敌之，不知崇教之说久成糟粕，近日欧洲，如德、如意、如法，于教徒侵政之权，皆力加裁抑。居今日而袭人之唾余以张吾教，此实误矣！[5]

---

1 梁启超：《论佛教与群治之关系》（一九○二年），《文集之十》（《饮冰室文集》第二册），第45—52页。
2 梁启超的终极关怀毋宁在"国"，请参阅拙著：《梁启超的终极关怀》，收入《优入圣域：权力、信仰与正当性》，台北：允晨文化公司，2003年，第437—452页。
3 梁启超：《复友人论保教书》（一八九七年），第9—11页；《论支那宗教改革》（一八九九年），《文集之三》（《饮冰室文集》第一册），第55—61页。
4 梁启超：《保教非所以尊孔论》（一九○二年），《文集之九》（《饮冰室文集》第二册），第52—53页。
5 黄遵宪：《致梁启超函》（一九○二年五月），《黄遵宪全集》上册，第426页。

梁氏遂亦云道："有心醉西风者流，睹欧美人之以信仰……而致强也，欲舍而从之以自代，此尤不达体要之言也。"[1] 暗讽其师不言而喻。

黄氏复主"政教分离"有益于时局，他说：

> 泰西诸国，政与教分，彼政之善，由于学之盛。我国则政与教合。分则可藉教以补政之所不及，合则舍政学以外无所谓教。今日但当采西人之政、西人之学，以弥缝我国政学之敝，不必复张吾教，与人争是非、校短长也。[2]

"彼政之善，由于学之盛"，黄氏毅然地切断了泰西之盛与宗教的关联。而他的"政教分离"说，影响尤为深邃，在日后形成主流意见。

搁此不论，其实对梁启超而言，"保国"比"保教""保种"更为重要。[3] 他直截了当地表示："我辈自今以往，所当努力者，惟保国而已。若种与教，非所亟亟也。"[4] 在《新民说》，梁启超的态度尤其斩决。他直言不讳：

> 吾不敢怨孔教，而不得不深恶痛绝夫缘饰孔教、利用孔教、诬罔孔教者之自贼而贼国民也。[5]

梁氏以《论语》中曾记载孔子曰"未能事人，焉能事鬼""未知生，焉知死"以及"子不语怪力乱神"，遂定位

---

1 梁启超：《论佛教与群治的关系》（一九○二年），《文集之十》（《饮冰室文集》第二册），第45页。
2 黄遵宪：《致梁启超函》（一九○二年五月），《黄遵宪全集》上册，第427页。
3 梁与康关系的破裂，见梁启超：《清代学术概论》第二十六节，第63—66页。
4 梁启超：《保教非所以尊孔论》（一九○二年），《文集之九》（《饮冰室文集》第二册），第50页。
5 梁启超：《新民说》，《饮冰室专集之四》（《饮冰室合集·专集》第三册，上海：中华书局，1936年），第十一节"论进步"，第59—60页。发表于光绪二十八年（1902年）。

孔子为"哲学家、经世家、教育家"而非"宗教家"[1]，而此一论点遂成此后儒教非宗教的基调。他又说："西人常以孔子与梭格拉底并称，而不以之与释迦、耶稣、摩诃末并称，诚得其真也。"[2] 梁氏等的看法，适见证孔子意象的蜕化，正逐步迈向其师所极力挞伐的"谬论"：

近人（遂）妄称孔子为哲学、政治、教育家，妄言诞称，皆缘是起，遂令中国诞育大教主而失之。[3]

惟观诸日后的发展，梁氏的说辞"孔教者，教育之教也，非宗教之教也"[4]，反而占了绝对的优势。

信手拈来二例以证成：民初的冯友兰（1895—1990年）便判说"孔子颇似苏格拉底"，是个"智者"。冯氏甚至说"孔子为中国苏格拉底之一端，即已占甚高之地位"[5]，又说，他"本来是一位（伟大的）教师"[6]。经学史家周予同（1898—1981年）更断言，孔子"并不是一位宗教家"，而是"一位中国古代人格完满发展的圣人""一位实际的教育家""一位不得意的政治思想家""一位专研道德问题的伦理学家"[7]。毋管孔子实情真否如此，康有为的"教主说"终成绝响的《广陵散》。

尤其民国初期，康氏再次鼓吹以孔子配天、定孔教为

---

1 梁启超：《保教非所以尊孔论》（一九〇二年），《文集之九》（《饮冰室文集》第二册），第52页。
2 同上。
3 康有为：《请尊孔圣为国教立教部教会以孔子纪年而废淫祀折》（一八九八年六月十九日），《康有为政论集》上册卷一，第282页。
4 梁启超：《论佛教与群治的关系》（一九〇二年），《文集之十》（《饮冰室文集》第二册），第45页。
5 冯友兰：《孔子在中国历史中的地位》（一九二九年十一月九日），《三松堂学术文集》，第131页。
6 冯友兰：《中国哲学简史》，《三松堂全集》第六卷，郑州：河南人民出版社，1989年，第44页。
7 周予同：《孔子》（一九三四年九月），朱维铮编：《周予同经学史论著选集》，上海：上海人民出版社，1983年，第388页。

国教[1]；而后更涉及张勋（1854—1923年）复辟兵变（1917年），令康氏形象狼藉，尊孔愈形政治化，连带殃及孔庙，秋丁吉时竟需调兵"武装祭孔"。孔庙何辜，沦落至此![2] 诸如种种，康氏饱受共和人士的抨击。与康氏政治、学术立场均相左的章太炎，不只非议"孔教会"的设立，且直谓"孔子于中国，为保民开化之宗，不为教主。……以宗教，则为孔子所弃"[3]，故尊奉孔教者"适足以玷阙里之堂，污泰山之迹耳！"[4] 惟细绎其理据，尚不出梁氏之域。

民国的新贵袁世凯的态度，亦令人玩味。一方面，他尊孔不落人后，于1913年6月颁布"尊崇孔圣令"；另一方面，他在《大总统致孔社祝词》却明白反对立孔教为国教。他说：

> 孔子初非宗教家，而浅人不察，必欲以形式尊崇，强侪诸释、道、回、耶各教之列，既失尊孔本意，反使人得执约法以相绳。[5]

从原先国会拟提议在宪法之中"规定孔教为国教"，最终敷衍成"国民教育以孔子之道为修身之大本"，已可

---

1 康有为：《以孔教为国教配天议》（一九一三年四月），《康有为政论集》下册卷三，第842—849页。
2 李大钊：《武装祭孔》（一九一九年十月十二日），中国李大钊研究室编注：《李大钊全集（最新注释本）》第三卷，北京：人民出版社，2006年，第65页。
3 章太炎：《驳建立孔教议》（一九一三年），《太炎文录初编》（收入《章太炎全集》第四册），文录卷二，第197页。1899年章氏所发表的《儒术真论》即有反孔教之观点，见章太炎著，汤志钧编：《章太炎政论选集》上册，北京：中华书局，1977年，第118—125页。
4 章太炎：《驳建立孔教议》（一九一三年），《太炎文录初编》（收入《章太炎全集》第四册），文录卷二，第197页。
5 袁世凯：《大总统致孔社祝词》，《孔社杂志·录要》第1期（1913年12月），转引自张卫波：《民国初期尊孔思潮研究》，北京：人民出版社，2006年，第163页。

嗅出时代风向的转变。[1]

岂不见复辟派的劳乃宣（1844—1927年）代衍圣公所撰的"孔教会演说词"，开门见山即率尔道出孔子"述而不作"，又说"孔教会之设，乃以孔子教人之法传布于天下，非宗教也"[2]，此不啻与康氏的改制说大唱反调。又张东荪（1886—1973年）虽认同孔教为宗教，但却认为定孔教为国教且以祀孔配天，乃是画蛇添足之举，无足为孔子增光。[3]

保守分子如此，遑论受胡适（1891—1962年）颂扬为"近年来攻击孔教最有力的两位健将"——陈独秀（1879—1942年）与吴虞（1871—1949年）。[4] 他们不但承继梁氏对孔教的态度，更变本加厉全面攻击儒教。陈氏将"孔教"与"专制"视为连体婴，因此归结儒术孔道与"近世文明社会绝不兼容"[5]；吴氏则将"礼制"视作"儒教"的具体化身，疵议"礼教吃人"[6]。至于儒教能否视作

---

1 黄克武：《民国初年孔教问题之争论：一九一二—一九一七》，《台湾师范大学历史学报》第12期（1984年），总第209—210页。
2 劳乃宣：《桐乡劳先生（乃宣）遗稿》卷一《论孔教（孔教会演说词·代衍圣公）》，台北：文海出版社影印民国十六年桐乡卢氏校刻本，1969年，页四六a—四八a。
3 张东荪：《余之孔教观》，经世文社编：《民国经世文编》第十二册《宗教》，台北文海出版社据民国三年上海经世文社石印本影印，1970年，页九上。
4 胡适：《吴虞文录序》（一九二一年六月十六日），《胡适文存》第一集卷四，台北：远东图书公司，1953年，第795页。
5 陈独秀：《孔子之道与现代生活》（一九一六年十二月一日）、《再论孔教问题》（一九一七年一月一日）、《复辟与尊孔》（一九一七年八月一日）等文，均收在《独秀文存》卷一，合肥：安徽人民出版社，1987年，第80—81页、91—94页、111—116页。又，卷三《答吴又陵》（一九一七年一月一日），第646页。有关反孔教运动，可参阅 Tse-tsung Chow, "The Anti-Confucian Movement in Early Republican China," in Arthur F. Wright ed., *The Confucian Persuasion*, Stanford: Stanford University Press, 1960, pp. 288-312. 中译见周策纵著：《五四前后的孔教与反孔教运动》，蔡振念译，《大陆杂志》76卷3期（1988年3月），第21—32页（总第117—128页）。梁氏1913年曾在其所草的宪法之中，妥协为"中华民国，以孔子教为风化大本，但一切宗教不害公安者，人民得自由信奉"。氏著：《进步党拟中华民国宪法草案》（一九一三年），《文集之三十》（《饮冰室文集》第六册），第62页，第一条。唯梁旋于1915年重申反"孔教"之主张，见《孔子教义实际裨益于今日国民者何在欲昌明之其道何由》（一九一五年），《文集之三十三》（《饮冰室文集》第六册），第60—67页。
6 吴虞：《家族制度为专制主义之根据论》《吃人与礼教》等文，见《吴虞文录》上卷（《民国丛书》第二编第九六册，上海：上海书店，1990年），第1113页、63—72页。

"宗教",陈氏持全然否定的看法,吴氏则予以负面评价。当时执学界牛耳的蔡元培亦斩决地说:

> 宗教是宗教,孔子是孔子,国家是国家,各有范围,不能并作一谈。[1]

他认为孔子的学说仅是"教育耳、政治耳、道德耳",遂论定孔子自是孔子,宗教自是宗教,两不相涉;而"孔教"殊不成名词,"以孔教为国教"者,尤为不可通之语。[2]

该时蔡氏突然以儒教的解构者自居,值得留意。他在1910年刊行的《中国伦理学史》方裁定儒教于汉代成为国教,进而在宋代扩为普及宗教[3],此时此刻态度却全然翻转。

析言之,民初的反孔教运动实由两股势力汇聚而成。其一为"科学主义"(scientism)的思潮,其二为政治偶发事件。要之,20世纪并非宗教的世纪,随着基督教传入中国的科学,不断挤压一切宗教的生存空间。[4] 陈独秀与蔡元培的观点足为示例,陈氏在其时曾倡言:"人类将来真实之信解行证,必以科学为正轨,一切宗教,皆在废弃之列。"[5] 而蔡氏亦认为:

> 宗教之为物,在彼欧西各国,已为过去问题。盖宗教

---

[1] 蔡元培:《在信教自由会之演说》(一九一六年十二月二十六日),高平叔主编:《蔡元培文集》卷五《哲学》,台北:锦绣出版事业股份有限公司,1995年,第298页。
[2] 同上书,第299页。蔡氏此处对孔子评语与梁启超如出一辙。
[3] 见蔡元培:《中国伦理学史》(一九一〇年四月二十五日),《蔡元培文集》卷五《哲学》,第168、192—193页。
[4] 冯友兰:《中国哲学简史》,第288页。
[5] 陈独秀:《再论孔教问题》(一九一七年一月一日),《独秀文存》卷一,第91页。

之内容，现皆经学者以科学的研究解决之矣。[1]

他遂主张以美育取代宗教，而与是时提倡科学而反对玄学的趋势，不谋而合。这都代表"五四运动"前后特有的风气。

而从外缘因素视之，陈氏诸人反孔思想的深化，当然是民初政事激荡的结果。譬如袁世凯称帝、祭天，张勋举军复辟处处滥用儒家文化象征，诸如此类的事情均令知识分子对儒教感到幻灭。1917年的元旦，陈独秀甚至扬言："非独不能以孔教为国教，定入未来之宪法，且应毁全国已有之孔庙而罢其祀！"[2]

此外，不容忽视的是，民初的智识氛围里，"宗教"已渐沦为贬义之词。陈独秀径言："愚之非孔，非以其为宗教也。若论及宗教，愚一切皆非之。"[3] 胡适总结民初几个学者的看法，亦附和道："中国是个没有宗教的国家，中国人是个不迷信宗教的民族。"叶落知秋，时势所趋，竟连第一代新儒家的梁漱溟（1893—1988年）也首肯"孔家似乎不算宗教"，并且还申论"孔子实在是很反对宗教的"[4]。梁漱溟说中国人过着"几乎没有宗教的人生"[5]，他引冯友兰为同调，谓"孔子之非宗教，虽有类似宗教的仪式亦非宗教"[6]。而先前来华访问的西哲罗素（Bertrand Russell，1872—1970）更火上添油，他以为中国传统文明

---

1 蔡元培：《以美育代宗教说》（一九一七年四月八日），《蔡元培文集》卷二《教育上》，第378页。
2 陈独秀：《再论孔教问题》（一九一七年一月一日），《独秀文存》卷一，第94页。
3 陈独秀：《答俞颂华》（一九一七年三月一日），《独秀文存》卷三，第674页。
4 梁漱溟：《东西文化及其哲学》第四章，第142页。不止是梁氏，同被列为第一代新儒家的熊十力也反对将儒学视为宗教。参阅郭齐勇：《当代新儒家对儒学宗教性问题的反思》，《中国哲学史》1999年第1期，第41页。
5 梁漱溟：《中国民族自救运动之最后觉悟》（一九三〇年），中国文化书院学术委员会编：《梁漱溟全集》第五卷，济南：山东人民出版社，1992年，第64页。
6 中国文化书院学术委员会编：《梁漱溟全集》第五卷，第71页。

的特征之一便是"中国读书人以儒家伦理来替代宗教"[1],梁氏便呼应"中国以道德代宗教"[2]。

同为20世纪新儒家开创者的熊十力(1885—1969年)亦同声唱和:"蔡子民(元培)先生谓儒者经学,非宗教。所见极是。"并云:"经学是哲学的极诣,可以代替宗教。"[3] 梁漱溟则和冯友兰有志一同地表示,儒家所有许多礼文仪式,只是诗、只是艺术,而非宗教。[4]

矢志融通中西哲学的谢幼伟(1905—1976年)又道出,不少人认为"在中国传统思想上,根本没有宗教这一回事""中国哲学家自始就对于宗教不感兴趣",显见当时智识界对宗教似乎相当隔膜。[5] 斯时的氛围似是儒家除了"宗教"之外,其他都有可能。[6]

1922年,以进步自许的知识分子共同组成"反宗教同盟",起因虽是反对基督教,但亦波及"孔教",他们坚信"宗教是妨碍人类进步的东西"[7]。领导者之一的蔡元培

---

[1] Bertrand Russell, *The Problem of China*, London: George Allen and Unwin Ltd., 1966, pp. 34, 43-44. 本书初版于1922年。罗素的看法,梁漱溟亦表同感,见《中国民族自救运动之最后觉悟》,第69页。要知罗素系"不可知论者"(agnostic),并且对任何宗教均采取敌对的态度。参见 Bertrand Russell, *Why I Am Not a Christian and Other Essays on Religion and Related Subjects*, London and New York: Routledge, 2004, "Preface" and ch. 1。

[2] 梁漱溟:《以道德代宗教》,氏著:《中国文化要义》,台北:正中书局,1969年,第106—110页。

[3] 熊十力:《读经示要》,《民国丛书》第五编第一册;上海:上海书局据南方印书馆1945年版影印,1996年,第135页。

[4] 梁漱溟:《中国民族自救运动之最后觉悟》,第71页。冯友兰:《儒家对于婚丧祭礼之理论》(一九二八年),《三松堂学术文集》,第132—145页。

[5] 谢幼伟:《抗战七年来之哲学》,原发表于《文化先锋》第3卷第24期(1944年),收入贺麟:《当代中国哲学》"附录",嘉义:西部出版社,1971年,第146页。贺之书初版于1945年。民初反宗教运动可参阅 Chow Tse-tsung, *The May Fourth Movement: Intellectual Revolution in Modern China*, Stanford, California: Stanford University Press, 1967, pp. 320-327。

[6] 当时颇有影响力的中国通、末代皇帝溥仪的老师庄士敦(Reginald F. Johnston, 1874—1938),亦主张儒家与其说是宗教,不如说是生活的方式和艺术。Reginald F. Johnston, *Confucianism and Modern China: The Lewis Fry Memorial Lectures 1934-35, Delivered at Bristol University*, New York: D. Appleton-Century Company, 1935, pp. 97-99。

[7] 李大钊:《非宗教者宣言》(一九二二年四月四日)、《宗教妨碍进步:在北京大学召开的非宗教同盟第一次大会上的演讲》(一九二二年四月九日),《李大钊全集》第四卷,第66—67页、68—69页。

便说：

> 现今各种宗教，都是拘泥着陈腐主义，用诡诞的仪式、夸张的宣传，引起无知识人盲从的信仰，来维持传教人的生活。这完全是用外力侵入个人的精神界，可算是侵犯人权的。[1]

他向来主张"以美育代替宗教"[2]。起草《非宗教者宣言》的李大钊（1889—1927年）更宣示：

> 宗教传说乃神秘的、迷信的。故吾人与其信孔子、信释迦、信耶稣，不如信真理。[3]

这种对"宗教"的态度，与康氏等的认知与评价大相径庭。梁启超虽非全然支持此一运动，却亦疵议那些"吃孔教会饭的人"[4]。况且，立孔教为国教涉及信仰的自由，更引起耶、释、道各教的质疑，弄得四面楚歌。[5] 孔教运动因不得天时、地利、人和，自然就夭折了。

其实，中国历史上并不缺乏改造儒教的先例。倘若予以深入的分析，便会立即发觉，以往所谓"儒学宗教化"的底蕴，事实上是把原先作为国家宗教的儒教往私人宗教推移；所不同的是，在康氏之前，往往是借鉴释、道或民

---

1 蔡元培：《非宗教运动》（一九二二年四月九日），《蔡元培文集》卷五《哲学》，第369页。
2 蔡元培：《以美育代宗教说》（一九一七年四月八日），《蔡元培文集》卷二《教育上》，第378—384页。
3 李大钊：《真理（二）》（一九一七年二月二日），《李大钊全集》第一卷，第245页。
4 梁启超曾撰文表达对此一运动的看法，参阅梁启超：《评非宗教同盟》（一九二二年四月十六日），《文集之三十八》，《饮冰室文集》第七册，第17—25页。
5 Wing-tsit Chan, *Religious Trends in Modern China*, New York: Columbia University Press, 1953, p. 13. 晚近对立孔教为国教，其他宗教的态度较详细的讨论，可参阅韩华：《民初孔教会与国教运动研究》，北京：北京图书馆出版社，2007年。

间宗教的形式加以进行,而康氏却是着眼西方的耶教。[1]

综观清末民初,无论是赞成或反对孔教者,均有一些共通点,这些征象不时影响着后人对儒教宗教本质的思考。

正、反双方均喜援引儒家经典为己用,以"创造性"地解释支持自身的立场。他们动辄诉诸训诂,以阐字义。例如:陈焕章取《中庸》的"修道之谓教"以证成"孔教"[2];陈独秀却认为"教"者,意谓"教化",非谓"宗教"[3];蔡元培进而质疑"孔教"殊不成名词。[4] 双方于字义各遂己意,针锋相对,最终只供出了一个道理:阐释字义并无法解决概念的冲突。

究其实,经典或字义的争执仅是表象,真正的底蕴却是双方皆执"基督教"作为宗教的基型,以此裁度儒教。所不同的是,他们深受致用观念的影响,因此对基督教在西方历史不同的评价,直接左右了他们以儒教作为宗教的立场。以康氏为例,他认为欧美所以强盛,不徒在政治与物质方面,更根本的是基督教的教化。[5] 相反地,梁启超、陈独秀诸人却认为基督教在近代文明乃属陈旧势力,亟需加以革除。[6] 1928 年 3 月,蔡元培以国民政府大学院院长的身份,颁发了"废止春秋祀孔旧典令",其所据理由系:

---

[1] 试比较林国平:《林兆恩与三一教》,福州:福建人民出版社,1992 年;与王泛森:《道咸年间民间性儒家学派:太谷学派研究的回顾》,《新史学》第 5 卷第 4 期(1994 年 12 月),第 141—162 页;及王泛森:《明末清初儒学的宗教化:以许三礼的告天之学为例》,《新史学》第 9 卷第 2 期(1998 年 6 月),第 89—123 页。
[2] 陈焕章:《孔教论》,《民国丛书》第四编第二册,第 213 页、93 页。
[3] 陈独秀:《驳康有为致总统总理书》(一九一六年十月一日),《独秀文存》卷一,第 69 页。
[4] 蔡元培:《在信教自由会之演说》(一九一六年十二月二十六日),《蔡元培文集》卷五《哲学》,第 299 页。蔡氏甚至说"国教亦不成名词"。
[5] 康有为:《孔教会序二》(一九一二年十月七日),《康有为政论集》下册卷三,第 735—736 页。
[6] 梁启超:《保教非所以尊孔论》(一九〇五年),《文集之九》(《饮冰室文集》第二册),第 53 页;陈独秀:《驳康有为致总统总理书》(一九一六年十月一日),《独秀文存》卷一,第 69—70 页。

查我国旧制,每届春秋上丁,例有祀孔之举。孔子生于周代,布衣讲学,其人格学问,自为后世所推崇。惟因尊王忠君一点,历代专制帝王,资为师表,祀以太牢,用以牢笼士子,实与现代思想自由原则,及本党主义,大相悖谬。若不亟行废止,何足以昭示国民。为此令仰该厅、校、局长,转饬所属,着将春秋祀孔旧典,一律废止,勿违。[1]

这无疑是施予孔教复振运动的致命一击。官方所支持的祭孔活动,算是暂告终止了,也为此一论争,画上句点。

四、余论:形消魂散的儒教——知识化的儒学及其残存的宗教性

1926年,顾颉刚在厦门大学的演讲中,说道:

春秋时的孔子是君子,战国的孔子是圣人,西汉时的孔子是教主,东汉后的孔子又成了圣人,到现在又快要成君子了。孔子成为君子并不是薄待他,这是他的真相,这是他自己愿意做的。我们要崇拜的,要纪念的,是这个真相的孔子![2]

可悲的是,傅斯年(1896—1950年)却落井下石,

---

1 这道训令的全名是"民国十七年二月十八日大学院训令第一六九号:令各大学各省教育厅及各特别市教育局,为废止春秋祀孔旧典由",见《大学院公报》第1卷第3期(1928年3月),页二二。感谢华东师范大学庞毅同学2014年的学期报告《民初祭孔的现代困境:以湖南长沙为例(1912—1927)》,让我注意到蔡元培停止春秋上丁日祀孔典礼一事。
2 顾颉刚:《春秋时的孔子和汉代的孔子》(一九二六年十月三日),《古史辨》第二册,页一三九。

评道：

> 孔子不见得纯粹的这么一个君子，大约只是半个君子而半个另是别的。[1]

而鲁迅则见证：

> 中国的一般的民众，尤其是所谓愚民，虽称孔子为圣人，却不觉得他是圣人；对于他，是恭谨的，却不亲密。但我想，能像中国的愚民那样，懂得孔夫子的，恐怕世界上是再也没有的了。[2]

其实，这都是经过"除魅"（disenchantment）以后孔子的意象；迄此，儒教的去宗教化大体算是完成了。

是故，陈荣捷（1901—1994 年）在 1953 年回顾近代中国的宗教趋势，方才得以下笔："迄今日，中国人几乎毫无异辞地否定儒教（Confucianism）为宗教。"[3] 但未经几何，一种新的论述逐次浮现。社会学家杨庆堃（1911—1999 年）提出一个观点：与其从有神论（theistic sense）来否定儒教或儒家（Confucianism）为完整（备）的宗教（a full-fledged religion），毋宁视儒家为社会政治学说，而具有宗教特质（religious quality）较佳。[4] 杨氏系功能论者，他着眼的是儒教在传统中国的社

---

[1] 傅斯年：《评"春秋时的孔子和汉代的孔子"》（一九二六年十二月七日），《古史辨》第二册，第 140 页。傅氏还说："满清升孔子为大祀而满清亡，袁世凯祀孔而袁世凯毙。"祀孔全然遭傅氏污名化。见傅斯年：《论学校读经》（一九三五年四月七日），收入《傅斯年全集》第六册，台北：联经出版事业公司，1980 年，第 52 页。
[2] 鲁迅：《在现代中国的孔夫子》（一九三五年四月二十九日），《鲁迅全集》第八卷，第 105 页。
[3] Wing-tsit Chan, *Religious Trends in Modern China*, p. 16.
[4] C.K. Yang, *Religion in Chinese Society: A Study of Contemporary Social Functions of Religion and Some of Their Historical Factors*, Berkeley, Los Angles, and London: University of California Press, 1961, p. 26.

会、政治与教化的功能。说穿了,这只不过是梁漱溟所说"凡宗教效用,他(儒家)无不具有,而一般宗教荒谬不通种种毛病,他都没有"的社会学翻版。[1]这种形神俱离的看法,主导了之后众人对儒家的认识。尤其在人文方面,更为明显。

梁漱溟又说:"'儒教'或'孔教'之名,自不宜用。我一向只说'周孔教化',以免混淆。"[2] "儒教"一词因染有浓郁的宗教味,渐渐从今人的言说退位,取而代之,则是"儒家"与"儒学"[3]。尤其传统的儒教与西方现行的宗教定义格格不入[4],今人至多称"儒家"具有"宗教性"(religiousness 或 religiosity),而非"宗教"。举其例:宗教史家牟钟鉴(1939—)就说:"我们只能说儒学具有宗教性,不能说儒学就是宗教。"[5] 此外,当下的西方汉学则改以"spirituality"(精神性)来指涉儒教的宗教层面,而尽可避免先入为主的"religion"(宗教)一词。[6] 但儒家犹受魂魄失散之讥。

概言之,"宗教性"的说辞较早见诸1958年,牟宗三(1909—1995年)、徐复观(1904—1982年)、张君劢(1887—1969年)、唐君毅(1909—1978年)所合撰的《为中国文化敬告世界人士宣言》[7],此四位均属第二代

---

1 梁漱溟:《东西文化及其哲学》第四章,第142页。
2 梁漱溟:《儒佛异同论之三》(一九六六年),氏著:《东方学术概观》,香港:中华书局据巴蜀书社1986年版排印,1988年,第29页。
3 比较钟肇鹏:《以儒学代宗教》,王中江、高秀昌编:《冯友兰学记》,北京:生活·读书·新知三联书店,1995年,第82—90页。
4 西方宗教的定义常囿于超越的人格神、教会组织的概念,这方面儒教较不突显。
5 牟钟鉴:《关于中国宗教史的若干思考》,氏著:《中国宗教与文化》,台北:唐山出版社,1995年,第139页。
6 岂不见两巨册的论文集《儒家的精神性》。Tu Weiming and Mary Evelyn Tucker eds., *Confucian Spirituality*, New York: Crossroad Publishing, 2003.
7 牟宗三、徐复观、张君劢、唐君毅合撰:《为中国文化敬告世界人士宣言》,原载《民主评论》及《再生》两杂志之1958年元旦号,转载于《黄花岗历史文化季刊》总第9期至第11期(2004年第2期至第4期,分别于5月、8月及11月于美国纽约发行),分别是第85—91页、106—116页、72—83页。尤其参见总第10期,第107—112页:"五、中国文化中之伦理道德与宗教精神"以及"六、中国心性之学的意义"。

的新儒家。稍后牟宗三复在《作为宗教的儒教》的讲词加以发挥,他归结道:

> 宗教可自两方面看:一曰事,二曰理。自事方面看,儒教不是普通所谓宗教,因它不具备普通宗教的仪式,它将宗教仪式转化而为日常生活轨道中之礼乐;但自理方面看,它有高度的宗教性,而且是极圆成的宗教精神,它是全部以道德意识道德实践贯注于其中的宗教意识宗教精神,因为它的重点是落在如何体现天道上。[1]

上述的言辞可分两部分来解说,"自事方面"来看,无异就是社会学所言的"扩散型宗教"(diffused religion)的现象[2],也就是康有为、陈焕章习称的"人道之教"[3]。而"自理方面"来看,即是后来新儒家所津津乐道的"既内在又超越"的宗教性了。

牟氏甚至有"道德宗教""人文教"之说。[4] 第三代的新儒家杜维明(1940—)便推衍其义,谓儒学的宗教性是从"终极的自我转化"出发的[5],由此体现内在超越的精神,以臻"天人合一"的最高境界。

令人挂心的是,儒教迄今只存残余的宗教性及其危微

---

[1] 牟宗三:《中国哲学的特质》第十二讲《作为宗教的儒教》(1960年),收入《牟宗三先生全集》第28册,台北:联合报系文化基金会,2003年,第107页。引文最后一句倒数第六字第七字的"如何"两字,该文原作"如可",当是误植。

[2] C. K. Yang, *Religion in Chinese Society: A Study of Contemporary Social Functions of Religion and Some of Their Historical Factors*, chs. X & XII. 依杨庆堃的观点:所谓"扩散型宗教"乃宗教的思想与制度渗透或拓展至世俗的社会组织,而无独立的存在。杨氏的见解甚有见地,唯独无法涵盖作为儒教圣域的孔庙。

[3] 以"人道之教"标举"孔教"作为宗教的特色,散见康氏的著述,不胜枚举,姑以康有为的《中华救国论》(一九一二年六月)为例,第699—731页。另,陈焕章:《孔教论》,《民国丛书》第四编第二册,第114页。

[4] 参见牟宗三:《人文主义的基本精神》(一九五三年),《道德的理想主义》,收入《牟宗三先生全集》第9册,第195—203页;《孔子与"人文教"》(一九五七年),《时代与感受续编》,收入《牟宗三先生全集》第24册,第143—146页。牟氏复引唐君毅为同调。

[5] 杜维明著,段德智译,林同奇校:《论儒学的宗教性:对〈中庸〉的现代诠释》,武汉:武汉大学出版社,1999年,第136页。

精一的儒学。过度知识化、学院化的儒学，是否会重蹈传统儒教的覆辙，变得曲高和寡，与实际社会两不相涉？这方面余英时的观察极为敏锐：以心性论为内核的（新）儒家之"道"，得之极难，而失之极易。[1] 循此，新儒家的"宗教性"甚易沦为"菁英文化"，仅为少数人所理解，而未能起信大众。

况且，新儒家犹陷于经义阐释的窠臼，徒恃"创造性"的衍义，证成己说[2]，颇有"智识化约论"（intellectual reductionism）之虞。[3] 此一取径明显欠缺人类学的面相，不但难以涵盖，甚且无法关照以信仰者为主体的言思行为。

要之，"孔教何以非宗教而似宗教"[4]，这个议题不断困扰着近代中国的知识分子。清朝的溃亡代表中华帝国体制的崩解，而镶嵌其中的祭孔祀典骤然如似失根的兰花，四处飘泊，形神俱散；何况作为传统社会支柱的儒家礼教，更遭受全面的抨击。礼崩乐坏之后，梁漱溟说的得当："礼乐是孔教惟一重要的作法，礼乐一亡，就没有孔教了。"[5] 既然无外显的形体（礼），毋怪后起的新儒家只得高扬"心性之学"，往"仁"的超越层面寻求内在心灵的寄托，以致当代新儒家只敢高谈危微精一的"仁"，而不敢奢言文质彬彬的"礼"；岂非忘记孔子所谓"仁"，需"克己""复礼"互济，方能一日天下归仁。[6] 换言之，徒

---

1 余英时：《钱穆与新儒家》，氏著：《犹记风吹水上鳞：钱穆与现代中国学术》，台北：三民书局，1991年，第70—89页。
2 举其例，杜维明：《论儒学的宗教性：对〈中庸〉的现代诠释》。英文原著：Tu Weiming, *Centrality and Commonality: An Essay on Confucian Religiousness*, Albany, New York: State University of New York Press, 1989, revised edition. 初版为1976年。
3 宗教学上，谓将"信仰"（belief）化约为"智识"（knowledge）。
4 梁漱溟：《东西文化及其哲学》第四章，第90页。
5 同上书，第140—141页。
6 语出《论语·颜渊》。参见朱熹：《论语集注》（收入氏著：《四书章句集注》，北京：中华书局，1983年），卷六《颜渊第十二》，页一三一："颜渊问仁。子曰：'克己复礼为仁。一日克己复礼，天下归仁焉。为仁由己，而由人乎哉？'"

有精神层面的"宗教性",而无有践行的"宗教之体"(若:仪式、组织等),儒教难免成为无所挂搭的游魂,与现实社会两不相涉。

从比较宗教的观点,西方的宗教改革(Reformation)俾便新教得以摒弃繁琐的仪式(ritual),令宗教立基于个人的信仰上面,而启蒙运动以降不断的世俗化(secularization),尤使"宗教"的概念由"公领域"(public sphere)往"私人信仰"(private belief)推移。[1] 于此,处于礼崩乐坏的新儒家差可比拟。但析言之,儒家或儒教是否为宗教,与其说是哲学的问题,毋宁说是历史的问题。不同阶段的儒家与异时异地所衍生的宗教的概念,在在影响了这个提问的答案。换言之,这个判断乃因时因地因人而异,而无有超越时空的恒定答案。

---

[1] Talal Asad, *Genealogies of Religion: Discipline and Reasons of Power in Christianity and Islam*, Baltimore and London: Johns Hopkins University Press, 1993, chs. 1 & 2.

儒教的圣域

研究儒教的反思

初刊于《东アジア文化交涉研究：东アジア文化交涉学の新しい展望》别册八（2012年2月），大阪：关西大学文化交涉学教育研究据点，2012年，第27—40页；复收入《从理学到伦理学：清末民初道德意识的转化》，北京：中华书局，2014年，第207—235页。

曾经有个故事：有位醉汉在别处掉了家里的钥匙，却老是在街灯之下，寻寻觅觅，一无所获；别人好奇问他为何不去他处寻找呢？他回答说："这里比较亮呀！"

——Abraham Kaplan[1]

顾颉刚（1893—1980年）在《古史辨自序》（1926年）曾记述了一件陈年往事，他说：

> 有友人过我，见案头文庙典礼之书，叱嗟曰："乌用此，是与人生无关系者，而前代学者斤斤然奉之以为大宝，不可解甚也！"予谓不然。[2]

文中，顾氏虽未详细交代他何以有如此的判断，但他的回应实得我心之同然。

个人研究儒教，因偶阅清人所撰的《文庙祀典考》[3]，而取儒教的圣域（holy ground）——孔庙（文庙）——作为着眼点。此一进路聚焦神圣空间（sacred space）与信仰者的互动，而具有人类学的面相，却和前贤撷取教义（doctrines）与经典文本作为探索的重心，略有出入。纯粹概念的讨论，易流于凌空立论，而不符历史的实情。尤其与其他历史宗教比较，作为儒教圣典的《论语》，其宗教

---

1 Abraham Kaplan, *The Conduct of Inquiry: Methodology for Behavioral Science*, San Francisco: Chandler Publishing Company, 1964, p. 11.
2 顾颉刚：《古史辨》第一册《自序》，台北：明伦出版社据朴社1926年初版影印，1970年，页三一。
3 庞钟璐：《文庙祀典考》，台北礼乐学会据光绪四年刊本影印，1977年。

性显得有些迂回而力有未逮。

简之,迥异于以经典教义为依据的宗教[1],儒教却自辟蹊径,以祭祀仪式空间突显了它的宗教特质。权且搁此不论,一般探讨宗教的进路,不外涂尔干(Émile Durkheim,1858—1917)或韦伯(Max Weber,1864—1920)两种方式。[2] 他们二位均是标杆性的学者,不仅在宗教学领域取得丰硕的成果,并且具有极清晰严谨的方法论意识。

一方面,涂尔干明白,传统以西方基督教为范式所下的定义,在研究其他社会的宗教时有所缺陷,因此他不断予以修订;另一方面他却坚持宗教的探讨,必须以清晰的界义作为前提。涂尔干研究澳洲土著的宗教时,即是遵循此一进路[3],否则便可能搞混了研究的对象,以致前功尽弃。又,宗教心理学家詹姆士(William James,1842—1920)固然对执一不变的宗教定义感到不满,认为:

"宗教"(religion)一词,与其代表任何单一的原则(principle)或本质(essence),毋宁是一集合的名称。[4]

但他的研究策略却是与涂尔干站在同一阵线。[5]

---

1 例如《圣经》(the Bible)之于基督教,《可兰经》(the Koran)之于回教,《吠陀》(the Vedas)之于印度教。
2 参见 Bryan S. Turner, *Religion and Social Theory*, London: Sage Publications, 1991, pp. 15 - 16。
3 Émile Durkheim, *The Elementary Forms of Religious Life*, trans. by Karen E. Fields, New York: The Free Press, 1995, ch. 1.
4 William James, *The Varieties of Religious Experience*, New York and London: Penguin Books, 1982, p. 26.
5 詹姆士一方面认为所有宗教定义为徒然,另一方面即界定他所探讨的宗教心理源于"个人宗教"(personal religion)的范畴,而非"制度性的宗教"(institutional religion)。William James, *The Varieties of Religious Experience*, pp. 27 - 29。类似的研究策略在晚近探讨宗教现象的著作中,依旧相当普遍。例如:泰勒(Charles Taylor, b. 1931)于其巨著《俗世的世纪》里,明白知晓界定"宗教"(religion)的困难,另外,则权挪"超越/内涵"(transcendent/immanent)的分辨,以剖析其所拟定的议题。Charles Taylor, *A Secular Age*, Cambridge, Massachusetts.: Belknap Press of Harvard University Press, 2007, p. 15。

相对地,韦伯的取径截然有异。他不认为在研究的开端,便能知晓宗教的定义;相反,唯有在研究完成之际,宗教的定义方能显现。甚至,韦伯认为宗教的本质并不是我们所关切,最重要的,乃探讨某种社会行为的条件和效果。这诚然与他注重个人宗教行为的意义有关。对韦伯而言,受宗教因素所激发最基本的行为模式,系面对"此世"(this world)[1]的。

约言之,韦伯对"定义"的认知,其实与他的方法论的观点息息相关。他主张:

> 方法论只能帮助我们把研究中证明具有价值的方法,从思考的了解提升至明显的意识层面。它并非有效的智力工作的先决条件,就如解剖知识不是"正确"步行的先决条件一样。[2]

"定义"即归属方法的先行步骤。基本上,韦伯认为科学的建立与方法的拓展,端赖实质问题(substantial problems)的解决,而非依靠知识论或方法论的省思。韦伯的进路倾向历史的探索,在方法上采且战且走的策略。[3] 晚近的人类学家亦倾向拒斥有所谓"普世性"的宗教定义,盖宗教定义的质素及构成关系,均具有历史的独特性,况且定义本身即是论述过程的历史产物。[4]

以上两种典范性的研究方式,各有所长。而我自己过去的研究取径较接近韦伯,其实却是受维特根斯坦

---

[1] Max Weber, *The Sociology of Religion*, trans. by Ephraim Fischoff, Boston: Beacon Press, 1964, p. 1.

[2] Max Weber, *The Methodology of the Social Sciences*, trans. & ed. by Edward A. Shils and Henry A. Finch, Taipei: Rainbow-Bridge Book Company., 1971, p. 115.

[3] Max Weber, *The Methodology of the Social Sciences*, p. 116.

[4] Talal Asad, *Genealogies of Religion: Discipline and Reasons of Power in Christianity and Islam*, Baltimore and London: Johns Hopkins University Press, 1993, p. 29.

(Ludwig Wittgenstein, 1889—1951) 晚期哲学的启发。[1] 维特根斯坦以"家族类似性"(family resemblance)的概念,取代"本质性定义"(essentialism),令我茅塞顿开,眼界焕然一新,不止跳脱蔽固定义的无谓纠缠[2],并且得以直捣问题的核心,径探儒教的宗教性格。[3] 维特根斯坦的"家族类似性",精神上系与尼采(Friedrich Wilhelm Nietzsche, 1844—1900)相契。[4] 尼采反复阐释,历史过程的复杂性令抽离时空的定义难以捉摸,他明言:"惟有非历史的概念(concepts),方得予以定义。"[5] 而"宗教"一词恰恰是历史文化的产物。

在19世纪的西方,有关"宗教"(religion)一词,观念论者(idealists)业已玩尽了"字源学的把戏"(etymological tricks);但在古老的中国,却犹不能忘情于这出戏法。[6] 在中国,无论支持或反对"儒教为宗教"的人,与其说寻找历史真正的根源,毋宁说在浩瀚的经典里各取所需,证成己说。

首先,正、反双方均喜援引儒家经典为己用,以主观

---

1 Ludwig Wittgenstein, *Philosophical Investigations*, trans. by G. E. M. Anscombe, New York: Macmillan Publishing Company. , 1968, p. 32.
2 例如《作为宗教的儒教:一个比较宗教的初步探讨》一文,初载《亚洲研究》(香港)第23期(1997年),第184—223页;后收入拙著:《圣贤与圣徒:历史与宗教论文集》,北京:北京大学出版社,2005年,第117—143页。另收入游子安编:《中国宗教信仰——中国文化中心讲座系列》,香港:香港城市大学,2006年;以及陈明编:《儒教新论》,贵阳:贵州人民出版社,2010年,第43—63页。日译本《宗教としての儒教——比較宗教による初步的检讨》,收入奥崎裕司、石汉椿编:《宗教としての儒教》,东京:汲古书院,2011年,第74—110页。
3 例如《圣贤与圣徒》一文,初载于《历史语言研究所集刊》71本3分(2000年9月),第509—561页;后收入拙著:《圣贤与圣徒:历史与宗教论文集》,北京:北京大学出版社,2005年,第144—204页。
4 参见 Aydan Turanli, "Nietzsche and the Later Wittgenstein: An Offense to the Quest for Another World," *The Journal of Nietzsche Studies*, Issue 26, Autumn 2003, pp. 55-63.
5 Friedrich Nietzsche, *On the Genealogy of Morals*, trans. by Walter Kaufmann and R. J. Hollingdale, New York: Vintage Books, 1967, p. 80.
6 例如:唯物论者恩格斯(Engels)对观念论者费尔巴哈(Feurbach)的批评。参见 Frederick Engels, *Ludwig Feurbach and the End of Classical German Philosophy*, London, GBR: ElecBook, 1886, pp. 32-33。

性(美其称则谓"创造性")的解释支持自身的立场。他们动辄诉诸训诂,以阐字义。例如:陈焕章(1880—1933年)取《中庸》的"修道之谓教"以证成"孔教"[1];陈独秀(1879—1942年)却认为"教"者,意谓"教化",非谓"宗教"[2];蔡元培(1867—1940年)进而质疑"孔教"殊不成名词。[3]双方于字义各遂己意,针锋相对,最终只供出了一个道理:阐释字义并无法解决概念的冲突。

究其实,经典或字义的争执仅是表象,真正的底蕴却是双方皆执"基督教"作为宗教的基型,以此裁度儒教。所不同的是,他们深受致用观念的影响,因此对基督教在西方历史的不同评价,直接左右了他们以儒教作为宗教的立场。以康有为(1858—1927年)为例,他认为欧美所以强盛,不徒在政治与物质方面,更根本的是基督教的教化。[4]相反地,梁启超(1873—1929年)、陈独秀诸人却认为基督教在近代文明乃属陈旧势力,亟需加以革除。[5]

梁氏以《论语》曾记载孔子曰"未能事人,焉能事鬼""未知生,焉知死"以及"子不语怪力乱神",遂定位孔子为"哲学家、经世家、教育家"而非"宗教家"[6]。而此一论点遂成此后儒教非宗教的基调。他又说"西人常以孔子与梭格拉底并称,而不以之与释迦、耶稣、摩诃末并

---

1 陈焕章:《孔教论》,《民国丛书》第四编第二册,上海:上海书店据孔教会1913年版影印,1992年,页二三及页九三。
2 陈独秀:《驳康有为致总统理书》(一九一六年十月一日),《独秀文存》卷一,合肥:安徽人民出版社据1922年上海亚东图书馆本重版,1987年,第69页。
3 蔡元培:《在信教自由会之演说》(一九一七年一月,北京),孙常炜编:《蔡元培先生全集》,台北:台湾商务印书馆,1977年,第724—725页。蔡氏甚至说"宗教"亦不成一名词。
4 康有为:《孔教会序二》(一九一二年十月七日),汤志钧编:《康有为政论集》下册卷三,北京:中华书局,1981年,第735—736页。
5 梁启超:《保教非所以尊孔论》(一九○二),《文集之九》(《饮冰室文集》第二册,台北:台湾中华书局,1960年),第53页;陈独秀:《驳康有为致总统理书》(一九一六年十月一日),第69—70页。
6 梁启超:《保教非所以尊孔论》(一九○二),《文集之九》(《饮冰室文集》第二册),第52页。

称,诚得其真"[1]。梁氏等的看法,适见证孔子意象的蜕化,正逐步迈向其师——康有为所极力挞伐的"谬论":

> 近人(遂)妄称孔子为哲学、政治、教育家,妄言诞称,皆缘是起,遂令中国诞育大教主而失之。[2]

惟观诸日后的发展,梁氏的说辞"孔教者,教育之教,非宗教之教"[3],反而占了绝对的优势。

要言之,梁氏不意启动了清末民初"儒教去宗教化"的按钮,从此"儒教非宗教之说"一发不可收拾,成为日后的主流论述;而今日绝大多数华人并不认同"儒教为宗教",便是此一趋势的结果。[4]

概言之,清末以降的智识界,之所以视"儒教非为宗教",原因大致有三:其一,遵循"界义式的进路"(definitional approach),取当时的基督教作为一切宗教的基型(archetype),以衡量儒教的宗教属性。[5] 必须点出的,基督教在历史上自有不同的样态[6];而清末民初中国对基督教的认识,主要是传教士所引进的。该时各个基督教派毋宁说以个人灵魂的救赎为主旨,而呈现私人宗教(private religion)的特征。此一特征与该时"追寻一己之

---

1 梁启超:《保教非所以尊孔论》(一九〇二),《文集之九》(《饮冰室文集》第二册),第52页。
2 康有为:《请尊孔圣为国教立教部教会以孔子纪年而废淫祀折》(一八九八年六月十九日),汤志钧编:《康有为政论集》上册卷一,第282页。
3 梁启超:《论佛教与群治的关系》(一九〇二),《文集之十》(《饮冰室文集》第二册),第45页。
4 详细的论证,请参阅拙作:《清末民初儒教的去宗教化》,初刊于《古今论衡》第22期(2011年6月),第33—60页;又收入刘笑敢主编:《中国哲学与文化》第十辑《儒学:学术、信仰和修养》,桂林:漓江出版社,2012年,第177—202页;复收入《从理学到伦理学:清末民初道德意识的转化》,第236—281页。
5 请参阅拙作:《作为宗教的儒教:一个比较宗教的初步探讨》。
6 基督教在历史上有繁复的面貌。简略的基督教发展史可参阅 Jaroslav Pelican, "Christianity", in Mircea Eliade ed., *The Encyclopedia of Religion*, New York: Simon & Schuster Macmillan, 1995, vol. 3, pp. 348-362。

福"的释、道二教相契,却与儒教在帝制中国所显现公共宗教(public religion)的形态格格不入。这且说明了儒教的宗教性,在清末屡屡受到质疑,然而释、道二教的宗教地位却安然如故。

其二,清末民初的知识分子,陷于"教义"的论辩,而忽略了帝制时期(Imperial China)儒教所曾发挥的宗教角色与功能。[1] 前述,梁启超即撷取《论语》,反证儒家非为宗教。究其实,经典的诠释与"教义"的真谛,大多为菁英分子的兴趣,普通的信众则以"效益"与"灵验"为依归。[2]

其三,则涉及价值判断,盖其时"宗教"一词已沦为贬义,希冀儒教非为宗教,或予以改造为非宗教。[3]

有幸的是,由于偶然的机缘,个人在重建历史上孔庙祭祀制度的过程中,逐渐发现儒教的宗教现象及其独特的性质。业已隐微的儒教宗教特质,终得再次朗现。

反讽的是,毋需繁复的论证,最便捷的方式,竟是直接寻绎传统社会对儒教信仰的认知。例如:明人冯梦龙(1574—1646年)的《古今小说》对儒教忝列"三教"之一,便辑有一段极生动的记载:

> 从来混沌初判,便立下了三教:太上老君立了道教、释迦祖师立了佛教、孔夫子立了儒教。儒教中出圣贤,佛教中出佛菩萨,道教中出神仙。那三教中,儒教忒平常,

---

[1] 请参阅拙作:《解开孔庙祭典的符码——兼论其宗教性》,田浩编:《文化与历史的追索——余英时教授八秩寿庆论文集》,台北:联经出版公司,2009年,第535—558页。日译本:《伝统中国における孔子庙の祭典とその宗教性》,林雅清译,《东アジアの仪礼と宗教》,东京:雄松堂出版,2008年,第139—165页。
[2] 揆诸事实,世上的芸芸众生有多少人是研读了宗教经典(例如:佛藏、道藏的文本)之后,才去参拜庙门的?答案恐基少。这只要在古刹名寺前,拦住信众一问究竟,则知不无根据。
[3] 请参阅拙作:《清末民初儒教的去宗教化》。

佛教忒清苦，只有道教学成长生不死，变化无端，最为洒落。[1]

上段引文一望即知，作者于道教别有偏爱；但无意中道出三教虽有不同，但儒教的成德者——"圣贤"，与释教的"佛菩萨"、道教的"神仙"却均为信仰的典范（exemplars）。这些圣者咸得从祀立教者，其中尤以儒教的孔庙法度最为森然，其位阶素为中华帝国所一体奉行。[2]

民初陈焕章说得肯綮："凡宗教必有教堂。"[3] 惟他又汲汲辩道："不能谓惟佛寺、道院、清真寺、福音堂等始可谓之教堂，而夫子之庙堂，独不可谓之教堂。"[4] 他归结："孔教之教堂，则学校是矣，或曰文庙、或曰圣庙、或曰学宫。"[5] 陈氏之有是言，着眼正是传统的"庙学制"，孔庙与学校联结一体，有学必有庙。而"孔庙"正是儒教的教堂，儒教的圣地。[6]

其实不劳陈氏多费口舌，传统的士人对此自有定论。举其例：明弘治二年（1489年）所撰的《重建清真寺记》便明确表达此一观点。它如是记载：

---

1 冯梦龙辑：《古今小说》（收入《古本小说丛刊》第三十一辑第一——四册，北京：中华书局，1990年），卷十三《张道陵七试赵升》，页一a（总页五五三）。
2 请参见拙作：《学术与信仰：论孔庙从祀制与儒家道统意识》，初载《新史学》5卷2期（1994年6月），第1—82页；后收入《优入圣域：权力、信仰与正当性》，北京：中华书局，2010年，第185—260页。
3 陈焕章：《孔教论》，《民国丛书》第四编第二册，第27页。
4 同上。
5 同上。
6 关于孔庙与学校环环相扣的历史演进，请参阅拙作：《权力与信仰：孔庙祭祀制度的形成》，初载《大陆杂志》第86卷第5期（1993年5月），第8—34页，后收入《优入圣域：权力、信仰与正当性》，允晨版第201—203页，中华版第171—172页。陈焕章以"孔林"为儒教的"圣地"，其实"孔庙"亦是"圣地"，特为点出。民初一位中国通庄士敦（Reginald F. Johnston, 1874—1938）虽认为儒学非宗教，但见到国家祭孔典礼时，却很难不将这看作与基督教相对应的异教的仪式和教堂。Reginald F. Johnston, *Confucianism and Modern China: The Lewis Fry Memorial Lectures 1934-35*, Delivered at Bristol University, New York: D. Appleton-Century Company, 1935, p. 77. 中译本，庄士敦著：《儒学与近代中国》，潘崇、崔萌译，天津：天津人民出版社，2010年，第60页。

愚惟三教，各有殿宇，尊崇其主。在儒则有"大成殿"，尊崇孔子。在释则有"圣容殿"，尊崇尼牟（照原碑）。在道则有"玉皇殿"，尊崇三清。在清真，则有"一赐乐业殿"，尊崇皇天。[1]

惟需注意的，此处言及的"清真寺"并非伊斯兰教（Islam）的聚会所，乃意指犹太会堂（synagogue）。[2] 观此，虽然四教属性有别，但儒教的孔庙同其他宗教的圣域（holy ground）竟毫无轩轾。

不但如此，儒教甚至可与基督教及回教并驾齐驱。以元宪宗（蒙哥汗）与道士的对话为例，他说：

今先生言道门最高，秀才人言儒门第一；迭屑人奉弥失诃，言得生天；达失蛮叫空，谢天赐与；细思根本皆难与佛齐。[3]

以上引言牵连甚广，有细绎之必要。"先生"即道士的尊称，"秀才"望文即知为儒生。"迭屑"与"弥失诃"均为外语音译，意指基督徒与耶稣。"达失蛮"乃元代对伊斯兰教教士的通称。[4] 此二引言显然旨在宣示宪宗以释教为依归。但从我们关注的脉络，却看出儒教可与其他宗教并排齐观的事实。这种认知，下抵清代末叶犹未曾改

---

1 转引自陈垣：《开封一赐乐业教考》，吴泽主编：《陈垣史学论著选》，上海：上海人民出版社，1981年，页六七一六八。另见徐珂：《清稗类钞》第十五册宗教类（稗三七），"青回回教"，台北：台湾商务印书馆，1966年，页四〇。
2 杨永昌：《中国清真寺名称的由来及其沿革》，氏著：《漫谈清真寺》，银川：宁夏人民出版社，1981年，页一。陈垣：《开封一赐乐业教考》，页七七："一赐乐业，或翻以色列，犹太民族也。"
3 祥迈：《辩伪录》卷三，《大正新修大藏经》第五二册，台北：新文丰出版公司，1983年，页七七〇c。
4 参见蔡美彪主编，中国历史大辞典辽夏金元史卷编纂委员会编：《中国历史大辞典·辽夏金元史卷》，上海：上海辞书出版社，1986年，第314页："迭屑"条；第334页："弥失诃"条；478页："答失蛮"条。又，"达失蛮"一作"答失蛮"。

变。有位自号"浮邱士"的读书人便言：

> 三代而上其教一，周秦以降其教三，暨乎今也其教五。所谓其教一，儒教是已。所谓其教三，儒教而外，赘以道教、释教是已。所谓其教五，三教而外，赘以天主教、回回教是已。[1]

显见在帝制中国，儒教系与他教尚属同一范畴，直迄晚清，此一态势方始不保。

职是之故，一旦我们稍加浏览历代残存的孔庙碑文、地方志，以及大量私人文集中所录的"学记""庙学记""祭孔文"，甚或地方官循例所撰的"告先圣文""告先师文"等文类，则信仰者或祭祀者心目中的"儒教"的宗教意象，立即跃然纸上。这些为数众多的文本，在在晓示儒教的宗教性质乃属官方的公共宗教（public religion）[2]，换言之，也就是一般通称的"国家宗教"（state religion），而非今人较为熟稔的"私人宗教"（private religion）。

以下，则略为拣择若干文本，以佐证上述断言。

孔庙或孔子庙，顾名思义，系祭祀孔子以及历代杰出的先贤、先儒的儒教圣域，乃道统之所系。清圣祖（1654—1722年）于康熙二十三年（1684年）进谒阙里孔庙，敬题"万世师表"，悬于大成殿内。[3] 这四个大字适

---

[1] 汤鹏：《浮邱子》卷十一《原教上》，长沙：岳麓书社，1987年，第337页。
[2] José Casanova, "Public Religion Revisited," in Hent de Vries ed., *Religion: Beyond a Concept*, New York: Fordham University Press, 2008, pp. 101-119。传统的公共宗教与晚近的公共宗教有所不同，后者着眼于"国家"与"个人"之间的社会空间。1980年代，西方兴起的公共宗教则请参阅：José Casanova, *Public Religions in the Modern World*, Chicago and London: University of Chicago Press, 1994。
[3] 清圣祖：《康熙二十三年御题万世师表刻石》，骆承烈汇编：《石头上的儒家文献——曲阜碑文录》下册，济南：齐鲁书社，2001年，第800页。按，该书虽较为系统整理孔庙碑文，但仅止于曲阜一隅。地方上尚有为数众多的碑文，可资参考。举实例：韩愈的《处州孔子庙碑》，参见马伯通校注《韩昌黎文集校注》，台北：华正书局，1975年，页二八三—二八四；柳宗元：《道州文宣王庙碑》《柳州文宣王新修庙碑》，《柳宗元集》，台北：汉京文化事业有限公司，1982年，页一二〇—一二六。

透露孔庙主要的信仰者,不出统治者与士人阶级。

之所以致此,正是帝制时期,儒教与政治文化发展的积淀。自汉初以来,孔子从一介书生,逐渐演变成汉代政权的创制者。例如,现存最古之孔庙碑文见于"孔庙置守庙百石孔龢碑",该碑立于东汉桓帝永兴元年(153年),文中即明白宣示:

> 孔子大圣,即象乾坤,为汉制作。[1]

稍后,立于东汉桓帝永寿二年(156年)《鲁相韩勑造孔庙礼器碑》亦称道:

> 孔子近圣,为汉定道。[2]

更迟,立于东汉灵帝建宁二年(169年)的《鲁相史晨祠孔庙奏铭》,也称颂孔子"主为汉制,道审可行"[3]。

观上,孔子竟然神乎其神,能为数百年后的王朝定制,可见他已俨然成为"为汉立制"的先知。此例一开,后来的王朝则争相仿效,祭孔遂成"创业垂统、皇朝受命"的政教象征。举其例,魏文帝(187—226年)履位之初,即访求孔氏圣裔,行祭孔之礼,并定调孔子"可谓命世大圣,亿载之师表"[4]。

原先缘孔子能"模范百王,仁极天下",因此"后世

---

1 洪适:《隶释》卷一《孔庙置守庙百石孔龢碑》,北京:中华书局据洪氏晦木斋刻本影印,1985年,页一五 a—b。
2 洪适:《隶释》卷一《鲁相韩勑造孔庙礼器碑》,页一八 a。
3 洪适:《隶释》卷一《鲁相史晨祠孔庙奏铭》,页二六 b。
4 魏文帝:《黄初元年鲁孔子庙碑》,骆承烈汇编:《石头上的儒家文献——曲阜碑文录》上册,第62—67页。陈寿的《三国志》则系于黄初二年(221年),参见陈寿:《三国志》卷二,台北:鼎文书局,1983年,第77—78页。

愿治之主，莫不宗之"[1]，日后则进而演变成规范性的成规，"有国家者所当崇奉"[2]。元代的曹元用（1268—1330年）把其中奥妙讲得极为透彻。他说：

> 孔子之教，非帝王之政不能及远；帝王之政，非孔子之教不能善俗。教不能及远，无损于道；政不能善俗，必危其国。[3]

"教不能及远，无损于道"，显然为儒生自贵之辞罢了。重要的是，曹氏道出统治者与祭孔之间互相为用的实情。

明代的创业之君朱元璋（1328—1398年）在与孔家圣裔对话时则更露骨地表白：

> 你祖宗留下三纲五常，垂宪万世的好法度，你家里不读书，是不守你祖先法度。[4]

清代的雍正（1678—1735年）于其上谕，也坦承：

> 孔子之教在明伦纪、辨名分、正人心、端风俗，亦知伦纪既明，名分既辨，人心既正，风俗既端，而受其益者之尤在君上也。[5]

---

1 元成宗：《大德五年重建至圣文宣王庙碑》，《石头上的儒家文献——曲阜碑文录》上册，第248页。
2 元仁宗：《至大四年保护颜庙禁约榜碑》，《石头上的儒家文献——曲阜碑文录》上册，第258页："孔子之道，垂宪万世，有国家者所当崇奉。"
3 元文宗天历二年（1329年）：《遣官祭阙里庙碑》，孔贞丛撰：《阙里志》卷十，明万历三十七年刊本，页四〇b。
4 明太祖：《洪武元年朱元璋与孔克坚孔希学对话碑》，《石头上的儒家文献——曲阜碑文录》上册，第349页。
5 转引自庞钟璐：《文庙祀典考》卷一，页十二b，雍正五年"雍正谕礼部"。

"在君上尤受儒教之益",雍正无疑道出尊孔的底蕴。

盖历代统治集团祈求孔子"护国脉,安民生""文教昌明,举国蒙庆",屡见不鲜。[1] 明成祖(1360—1424年)即祈求孔圣道:

> 作我士类,世有才贤。佐我大明,于斯万年。[2]

而元武宗(1281—1311年)在加封孔圣"大成至圣文宣王"的谥号时,尚祈孔夫子"尚资神化,祚我皇元"[3],均是此一心态的具体表征。而这正是传统公共宗教的特色,而为今人所忽视。

因此,祭孔一事不止泽及孔家子孙,明武宗(1491—1521年)便敕告孔氏家人:

> 兹惟我国家之盛事,非独尔一家之荣也。[4]

其实,不止于孔家的殊荣,连儒生都与有荣焉;朝廷命官咸额手称庆:

> 岂惟孔氏子孙有光,实天下儒服之士举有光也。[5]

---

1 明神宗:《万历四十七年吕维基修孔庙疏碣》,见《石头上的儒家文献——曲阜碑文录》下册,第681页。地方官甚至怀疑,"近来荒灾异常,未必非文庙失修所致,修理一节,决难迟缓"。
2 见叶盛撰,魏中平点校:《水东日记》卷十九,北京:中华书局,1980年,页一九一,"太宗文皇帝御制重修孔庙碑文"(永乐十五年九月十九日立石)。并比较明孝宗《弘治十六年重立永乐十五年御制重修孔子庙碑》,《石头上的儒家文献——曲阜碑文录》上册,第443页:"作我士类,世有才贤。左我大明,于斯万年。"又,成祖庙号原为"太宗",至世宗嘉靖十七年方改为"成祖"。
3 元武宗:《大德十一年加封制诏碑》,《石头上的儒家文献——曲阜碑文录》上册,250页。另,《石头上的儒家文献——曲阜碑文录》将此事误植为成宗所为。查元成宗于大德十一年春正月崩,大德十一年五月武宗即位,七月武宗加封"至圣文宣王"为"大成至圣文宣王",来年(1308年)方改年号为至大。见宋濂等:《元史》卷二十二,北京:中华书局,1976年,页四八四。
4 孔继汾:《阙里文献考》卷九,清乾隆二十七年刊本,页六下。
5 元惠宗:《后至元五年御赐尚醴释奠碑》,《石头上的儒家文献——曲阜碑文录》上册,第290页。

惟必须提示的是，并非所有统治者均对孔庙祭祀优崇有加，例如：明太祖曾一度停止天下通祀孔子；明世宗则借孔庙"毁像"、减杀祭孔礼仪，压制士大夫集团。[1] 惟终究无法抹灭孔庙作为儒教圣域的事实。

孔庙乃"道统之所系"，本系儒生精神的原乡，因此晋谒孔庙遂成文人雅士朝圣之旅，特别是参访阙里孔庙，意义尤为非凡，致有"幸遂平生愿，今日获登龙"之叹。[2] 以曾为地方官的理学大儒朱熹（1130—1200年）为例，举凡任官、辞官，均撰有"告先圣文""谒先圣文""辞先圣文"以虔告先圣之灵，无一非以阐扬斯文为己任，使天下学者知所依归。[3]

要之，迥异于"私人宗教"，儒教的祭孔主要为"昭一代文明之治"的集体诉求（collective appeals）[4]，而非邀个人的福祉。诚如传统对三教的分疏：儒教旨在"治世"，而佛教、道教却在个人的"修心"与"养生"上面。[5]

同时，孔庙祭典只允许官员与儒生参加。即使下迄清代末叶，孔庙照旧是"非寻常祠宇可比，可以任人入内游观"[6]。

就社会成员而言，士农工商，唯有士的阶级允予参

---

1 请参见拙作：《道统与治统之间：从明嘉靖九年（1530）孔庙改制论皇权与祭祀礼仪》，初载《历史语言研究所集刊》第61本第4分（1990年12月），第917—941页；后收入《优入圣域：权力、信仰与正当性》，第107—137页。英译本见"The Cultural Politics of Autocracy: The Confucius Temple and Ming Despotism, 1368 - 1530," trans. by Curtis Dean Smith and Thomas Wilson, *On Sacred Grounds: Culture, Society, Politics, and the Formation of the Cult of Confucius*, ed. by Thomas A. Wilson, Cambridge: Harvard University Press, 2002, pp. 267 - 296。
2 明思宗：《崇祯十三年王泆仁谒圣八咏诗碣》第一首《朔蚤谒圣庙》，《石头上的儒家文献——曲阜碑文录》下册，第705页。
3 参阅陈俊民校编：《朱子文集》卷八十六，台北：财团法人德富文教基金会，2000年。
4 参见明宪宗：《成化十二年褒崇先圣礼乐记碑》，《石头上的儒家文献——曲阜碑文录》上册，第409页。另，《石头上的儒家文献——曲阜碑文录》误植此文标题为成化十年。
5 宋孝宗谓："以佛修心，以道养生，以儒治世。"志磐：《佛祖统纪》卷四十七，见《大正新修大藏经》第四十九册，页四三〇a。
6 见《阅报纪毁圣讹言一则率书其后》，光绪廿四年四月初十日（1898年5月29日）《申报》第9022号第1版，云："文庙……非寻常祠宇可比，可以任人入内游观。"

与，而具有强烈的排他性与垄断性。是故，与一般百姓的关系，自然就相当隔阂。清初的礼学名家秦蕙田（1702—1764年）一语点出百姓对孔子"尊而不亲"的情结[1]，不啻道破此中的底蕴。清末的严复（1854—1921年）复见证庶民百姓"无有祈祷孔子者"[2]，他说：

> 今支那之妇女孺子，则天堂、地狱、菩萨、阎王之说，无不知之，而问以颜渊、子路、子游、子张为何如人，则不知矣。[3]

他又观察道：中国之穷乡僻壤，苟有人迹，则必有佛寺尼庵，岁时伏腊，匍匐呼吁，则必在是，而无有祈祷孔子者。[4] 连当时保教甚力的康有为亦不得不坦承："吾教自有司朔望行香，而士庶遍礼百神，乃无拜孔子者。"[5] 这无疑是着眼信仰者的行为而发。

冯友兰（1895—1990年）在他的回忆录《三松堂自序》，刊载了这么一段孔庙的趣谈：

> 有个笑话说：关帝庙、财神庙的香火很旺盛，有很多人去烧香。孔子的庙前很冷落，很少人去烧香。孔子有点牢骚。有个聪明人问孔子：你有关公的大刀吗？孔子说：没有。又问：你有财神爷的钱吗？孔子说：也没有。那个人就说：你既然没有关公的大刀，又没有财神爷的钱，那

---

1 秦蕙田著，卢文弨、姚鼐等手校：《五礼通考》卷一百一十七，中坜：圣环图书公司据味经窝初刻试本影印，1994年，页一b。
2 严复：《保教余义》（一八九八年六月七日、八日），林载爵编：《严复文集编年（一）》（《严复合集》第一册，台北：辜公亮文教基金会，1998年），第157页。
3 同上。
4 同上。
5 康有为：《两粤广仁善堂圣学会缘起》（一八九七年五月十七日），《康有为全集》第二集，上海：上海古籍出版社，1990年，第621页。

当然没有人理你,你何必发牢骚呢!¹

冯氏在登录了这个笑话之后,复加了如是的按语:"这虽然是个笑话,但说的也是社会上的实际情况。"²

然而"儒门淡薄,收拾不住",并不止于此。在传统民间社会,与孔庙同属文庙系统的"梓潼庙""文昌庙"反而香火鼎盛,甚至达到"梓潼,则靡士而勿祀"的光景³,而相形之下孔庙则见冷落,此一奇特的现象殊堪留意。譬如:在帝制时代,孔夫子所传的儒教经典原为科考最终的依据,然而考生却是向文昌、魁星祈求功名,而非向孔子本人,其亲疏于此尽见。这种情况,即使在今日的台湾依旧如此,台北的文昌宫每逢考试季节,七千盏光明灯不歇时销售一空;反观去孔庙祈求加持考运的考生,却寥寥无几。

其实,在太平天国起义前夕,传播福音的梁发(1789—1855年)就指出:

（儒教）所以把文昌、魁星二像,立之为神而敬之,欲求其保庇睿智广开、快进才能、考试联捷高中之意。然中国之人,大率为儒教读书者,亦必立此二像奉拜之,各人亦都求其保佑中举、中进士、点翰林出身做官治民矣。⁴

梁启超在清末亦供出当时的学塾：

---

1 冯友兰:《三松堂自序》,《三松堂全集》第一卷,郑州:河南人民出版社,1985年,第44页。
2 同上。
3 陈确:《陈确集》卷七《圣庙议》,台北:燕京文化出版公司,1984年,第190页。
4 梁发:《劝世良言》卷一《论世人迷惑于各神佛菩萨之类》,台北:台湾学生书局影印美国哈佛大学藏本,1965年,页五a—五b。

吾粤则文昌、魁星，专席夺食，而祀孔子者殆绝矣！[1]

梁氏又感叹道：

入学之始，（文昌、魁星）奉为神明，而反于垂世立教大成至圣之孔子，薪火绝续，俎豆萧条，生卒月日，几无知者。[2]

孔圣诞辰向来官民殊少措意，原是历史的事实。迟迄雍正五年（1727年），孔子诞辰甫由异族统治者——清世宗定为斋日。[3]但其继承者乾隆旋另持异议，认为"诞辰之说，出于二氏，经传不载。……士不通经，所宜摈斥"[4]。其实，孔诞非但无法与释、老二氏相比，竟连民俗神祇若观音、关帝、鲁班、嫘祖均无法比拟。[5]而文昌、魁星，民间一向认为是司命、司禄之神，与百姓有切身的关系，相较之下，孔子神格则显得模糊而遥远。

又，孔庙拒庶民于"万仞宫墙"之外，而文昌宫、梓潼庙则是大门敞开，欢迎四方信众。[6]二者重要的差别可能存于：孔庙作为官方祀典，基本上是国家的宗教，而非个人的宗教（personal religion），而文昌、梓潼却是地道的民俗信仰。

此外，孔庙祭典的宗教意义之所以受到忽略，与近代的思潮亦息息相关。析言之，清末以来，传统礼制备受攻

---

1 梁启超：《变法通议》（一八九六年），《文集之一》（《饮冰室文集》第一册），第49页。
2 同上。
3 参阅庞钟璐：《文庙祀典考》卷一，页一一b—一二a，"雍正五年春二月谕内阁"。
4 转引自陈垣：《孔子诞感言》，陈智超编：《陈垣全集》第一册，合肥：安徽大学出版社，2009年，第49页。
5 同上。
6 试比较陶希圣：《梓潼文昌神之社会史的解说》，《食货月刊》复刊2卷8期（1972年11月），第119页。

击，因此有心阐发儒家义理者，恒舍"礼"而就"仁"，谭嗣同（1865—1898年）的《仁学》便是最经典的代表。[1] 自此以往，蔚为风潮。民国以来，自诩为新儒家者，从第一代至第三代，几乎无一例外。因此，"仁学"被奉为近代儒学的圭臬思想。清朝溃亡之后，中华帝国体制遂随之崩解，作为传统社会支柱的儒家礼教，更遭受全面的抨击。礼崩乐坏之后，梁漱溟（1893—1988年）说得得当："礼乐是孔教惟一重要的作法，礼乐一亡，就没有孔教了。"[2] 既然无外显的形体（礼），毋怪后起的新儒家只得高扬"心性之学"，朝"仁"的超越层面，寻求内在心灵的寄托，以致当代新儒家只敢高谈危微精一的"仁"，而不敢奢言文质彬彬的"礼"；岂非忘记孔子所谓"仁"，需"克己""复礼"互济，方能一日天下归仁。[3] 换言之，徒有精神层面的"仁"，而无有践行的"礼"，儒家难免成为无所挂搭的游魂，与现实社会两不相涉。职是，晚近的新儒家复受西方启示[4]，只顾抉发形上层面的"宗教性""精神性"，顾此失彼，其前景委实令人堪忧。

唯一例外的是，西方哲学家芬格莱特（Herbert Fingarette，1921—2018）孤鸣独发，在1972年发表《孔子：即凡而圣》（*Confucius: the Secular as Sacred*），论证"礼"在孔子原始思想的枢纽地位。芬氏鉴于中外的儒学专家往往受近代西方哲学心理主义的影响，过度解释《论语》的内在主体（主观）思想。他受奥斯汀（John Langshaw Austin，1911—1960）"展演言语"（performative

---

[1] 谭嗣同：《仁学》，《谭嗣同全集》下册，北京：中华书局，1981年，第289—374页。
[2] 梁漱溟：《东西文化及其哲学》第四章，香港：自由学人社，1960年，第140—141页。
[3] 语出《论语·颜渊》。参见朱熹：《论语集注》（收入氏著：《四书章句集注》，北京：中华书局，1983年），卷六《颜渊第十二》，页一三一，"颜渊问仁。子曰：'克己复礼为仁。一日克己复礼，天下归仁焉。为仁由己，而由人乎哉？'"
[4] Peter van der Veer, "Spirituality in Modern Society," in Hent de Vries ed., *Religion: Beyond a Concept*, pp. 789-797.

utterance)概念的启示,刻意彰显"礼"的行为意义,论证"仁""礼"乃一体两面,缺了"礼",则"仁"无所指。[1] 这一提出,在西方汉学界造成极大的论战,但在东方则寂然罕闻。

毋论芬氏的说辞是否周延无误,却也无意中平衡了往昔只向"仁"一端倾斜的儒学。可是新儒家与芬氏固然在义理上有所出入,二者仍然只就儒家经典"做文章",却殊少留意传统儒教信仰者的实践层面:这包括了制度面的孔庙祭礼以及信仰者主观的认知。职是之故,探讨"孔庙"作为儒教的祭祀制度,于当前显得特别迫切。因为作为儒教礼制核心的孔庙,民初以来同受到极大的破坏与蔑视,造成原有的宗教意涵暗暗不明、隐而未发。

归结地说,个人探究儒教进路,若有任何特点的话,首先系受西哲维特根斯坦的启发,得以摆脱宗教定义的纠缠。[2] 这项转向毋乃是祛除观念障碍的工作,属于"破"的成分居多。而所"立"的,则是径取孔庙作为圣域,以剖析儒教的宗教性格。也就是说,聚焦儒教的空间实践,而暂拟搁置经义的争执,希冀孔庙圣域的探讨可充作一把钥匙,适时解开儒教的宗教之谜。

---

[1] Herbert Fingarette, *Confucius: The Secular as Sacred*, New York: Harper & Row, 1972。奥斯汀的语言分析哲学,则见 J. L. Austin, *How to Do Things with Words*, Cambridge, Massachusetts: Harvard University Press, 1962。文本根据为1955年奥氏在哈佛大学系列的讲稿。

[2]《正义论》(*A Theory of Justice*)的作者罗尔斯(John Rawls)亦曾自道,他之所以能逐渐发展自己的"公平理论"的原因之一,在于放弃以往分析哲学的讨论方式,避免为"字义"的"厘清"纠缠不休。参见 John Rawls, *A Theory of Justice*, Cambridge, Massachusetts.: Belknap Press of Harvard University Press, 1971, p. Xi。

作者简介

　　黄进兴，1973年台湾大学历史系毕业，1975年获该校硕士学位，1983年取得美国哈佛大学博士学位。台湾历史语言研究所特聘研究员。著有《哈佛琐记》《历史主义与历史理论》《优入圣域：权力、信仰与正当性》《圣贤与圣徒》《后现代主义与史学研究：一个批判性的探讨》《从理学到伦理学：清末民初道德意识的转化》等，其著作或有英文、日文、韩文等译本。英文著作 Philosophy, Philology, and Politics in Eighteenth-century China 由英国剑桥大学出版社刊行。

著述年表

1. 《皇帝、儒生与孔庙》，北京：生活·读书·新知三联书店，2014年。
2. 《从理学到伦理学：清末民初道德意识的转化》，台北：允晨文化公司，2013年；北京：中华书局，2014年。
3. 《后现代主义与史学研究：一个批判性的探讨》，台北：三民书局，2006年；北京：生活·读书·新知三联书店，2008年。
4. 《圣贤与圣徒》，台北：允晨文化公司，2001年；北京：北京大学出版社，2005年。
5. *Philosophy, Philology, and Politics in Eighteenth-century China: Li Fu and the Lu-Wang School under the Ch'ing*, Cambridge: Cambridge University Press, 1995, Paperback edition, 2002。（中译本）南京：江苏教育出版社，2010年。
6. 《优入圣域：权力、信仰与正当性》，台北：允晨文化公司，1994年；西安：陕西师范大学出版社，1998年；北京：中华书局，2010年。
7. 《历史主义与历史理论》，台北：允晨文化公司，1992年；西安：陕西师范大学出版社，2002年。
8. 《半世纪的奋斗》，台北：允晨文化公司，1988年；（日译本）《台湾の狮子》，东京：讲谈社，1992年；（英译本）*Business as a Vocation*, Cambridge: Harvard University Press, 2002, second printing, 2003。

9.《哈佛琐记》,台北:允晨文化公司,1986年;北京:生活·读书·新知三联书店,1997年;西安:陕西师范大学出版社,1998年;北京:中华书局,2009年;(韩文版) Geulhangari Publishers,2012。

图书在版编目(CIP)数据

儒教的圣域/黄进兴著.—上海:复旦大学出版社,2020.8
(人文书系/陈平原主编)
ISBN 978-7-309-15006-3

Ⅰ.①儒… Ⅱ.①黄… Ⅲ.①孔庙-文化-文集 Ⅳ.①K928.75-53

中国版本图书馆CIP数据核字(2020)第066379号

本书中文简体字版本由三联书店(香港)有限公司授权复旦大学出版社在中国内地独家出版、发行。

上海市版权局著作权合同登记号　图字09-2020-562

儒教的圣域
黄进兴　著
出 品 人/严　峰
责任编辑/黄　丹
复旦大学出版社有限公司出版发行
上海市国权路579号　邮编:200433
网址:fupnet@fudanpress.com　http://www.fudanpress.com
门市零售:86-21-65102580　团体订购:86-21-65104505
外埠邮购:86-21-65642846　出版部电话:86-21-65642845
上海四维数字图文有限公司

开本 890×1240　1/32　印张6.5　字数150千
2020年8月第1版第1次印刷

ISBN 978-7-309-15006-3/K·726
定价:38.00元

如有印装质量问题,请向复旦大学出版社有限公司出版部调换。
版权所有　侵权必究